Erich Hoyer: Naturführer
               Insel Rügen, Insel Hiddensee

W0190330

Weitere Bände der Reihe:
- Naturführer LSG Brohmer Berge mit NSG Galenbecker See und
  Friedländer Große Wiese
  ISBN 3-929192-00-4

- Vogelwelt der Inseln Rügen und Hiddensee
  ISBN 3-929192-01-2

- Naturführer Nationalpark Vorpommersche Boddenlandschaft
  (Darß, Zingst, Hiddensee, Westrügen)
  ISBN 3-929192-03-9

Hoyer, Erich:
Naturführer Inseln Rügen und Hiddensee
Galenbeck/Meckl., 1993
ISBN 3-929192-01-2

Den Bernstein auf Seite 19 fotografierte Herr H. Duty, Rostock. Die Fotos auf Seite 58 verdanken wir Herrn D. Eichstädt, Schneverdingen. Alle anderen Fotos sind vom Verfasser.

PRO NATURA MV
© und Bezug: Dipl.-Biologe Erich Hoyer
   17337 (O-2151) Galenbeck/Meckl.
   Nr. 16 a
   Tel./Fax: (03 96 07) 3 26

Titelfoto: Wissower Klinken (Nationalpark Jasmund)
Satz und Druck: Druckerei Steffen, O-2003 Friedland/Meckl.
Farblithographie: LSL Lübeck
Buchbinderische Weiterverarbeitung: Rügen-Druck GmbH Putbus

Gedruckt auf chlorfrei gebleichtem Papier.

Erich Hoyer

NATURFÜHRER

INSEL RÜGEN

INSEL HIDDENSEE

*Mit einem kommentierten Verzeichnis der Vögel
von Rügen und Hiddensee (Kreis Rügen)
von H. Dittberner (Bergen).*

INHALT

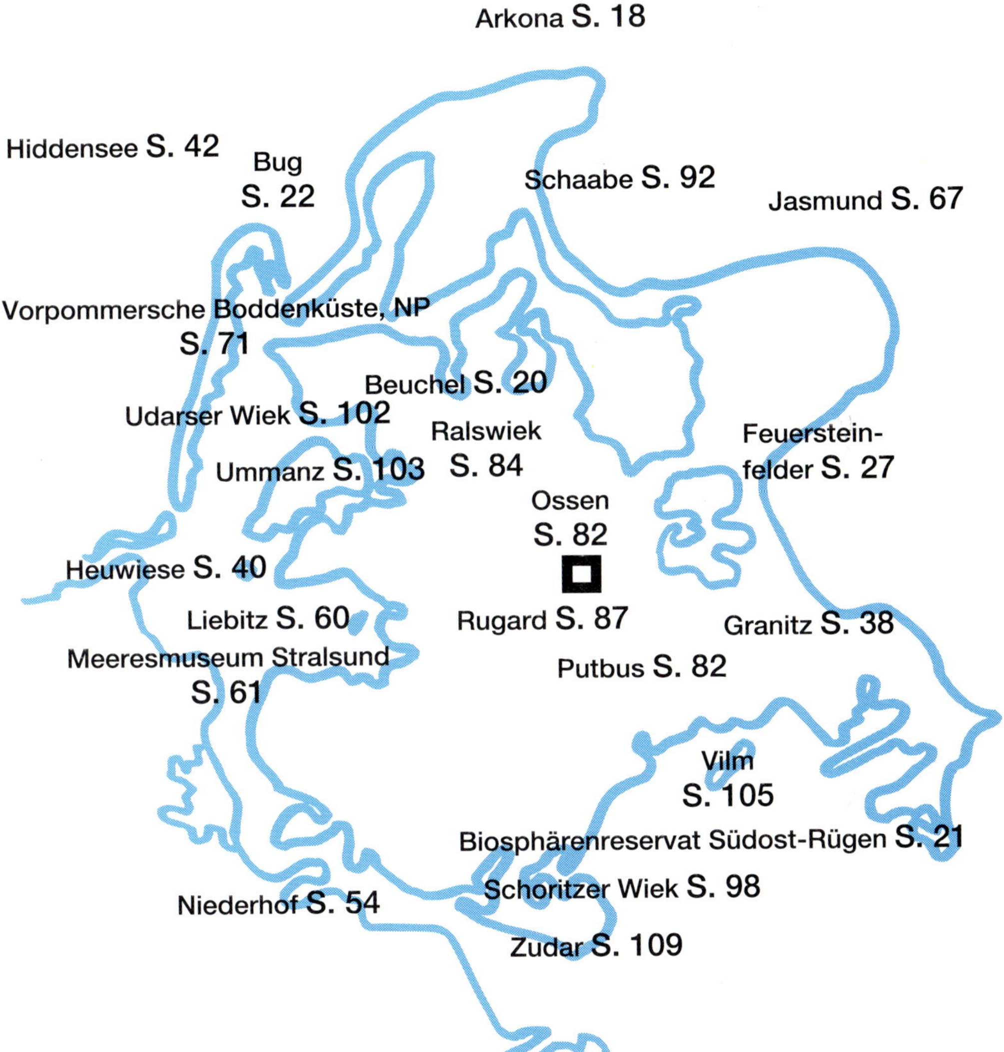

Arkona S. 18

Hiddensee S. 42

Bug S. 22

Schaabe S. 92

Jasmund S. 67

Vorpommersche Boddenküste, NP S. 71

Beuchel S. 20

Udarser Wiek S. 102

Ralswiek S. 84

Feuerstein-felder S. 27

Ummanz S. 103

Ossen S. 82

Heuwiese S. 40

Liebitz S. 60

Rugard S. 87

Granitz S. 38

Meeresmuseum Stralsund S. 61

Putbus S. 82

Vilm S. 105

Biosphärenreservat Südost-Rügen S. 21

Niederhof S. 54

Schoritzer Wiek S. 98

Zudar S. 109

ZUM GELEIT...

„Ja, es zieht mich allzeit mächtig
Hin zum schönen Insellande,
wo sich weiße Felsen prächtig
Thürmen auf am Meeresstrande;

Wo in dunklen Waldesschluchten
Bäche rauschend sich ergießen,
und der Ostsee klare Buchten
Armen gleich das Land umschließen:

Gleich als wollte, Sehnsucht fühlend,
sie es liebend an sich drücken
und die grünen Fluren kühlend
mit der Welle Kuß erquicken.

Nimmer werd ich dein vergessen,
Nimmer jene frohe Stunden,
die, mit reichem Maaß gemessen,
Einst auf dir ich hab' gefunden!"

Seit ich, nach dem Abitur Ende der sechsziger Jahre, für ein wunderschönes Jahr als Praktikant an die Biologische Forschungsanstalt Hiddensee verschlagen, auf dieses anrührende Gedicht von Ernst Boll (1858 geschrieben) gestoßen war, ging es mir später immer wieder durch den Kopf, und ich begann gar, es voller Inbrunst und lauthals im Auto zu deklamieren, wenn ich über den Rügendamm gefahren, wieder einige schöne, entdeckungsreiche Tage auf der Insel vor mir hatte.

Seit Boll Mitte vorigen Jahrhunderts Rügen erkundete, hat sich, was die Landschaft und die Naturausstattung betrifft, wahrlich sehr vieles und nicht eben zum Vorteil auf Rügen und Hiddensee verändert. Besonders in den siebziger und achtziger Jahren forderte die intensivst betriebene Land- und Forstwirtschaft ihren Tribut, und mancher Inselteil wurde „ausgeräumt", so manche vermoorte Senke entwässert, Kleingewässer en gros vernichtet, Grünland in Ackerland umgewandelt oder wertvolle Salzwiesen vom Bodden durch Deiche abgeriegelt und damit zerstört. Auch die auf Rügen und Hiddensee schon immer stark ausgebaute Touristikbranche forderte das Ihre, und die Armee beanspruchte über die Maßen naturnahes, wertvolles Inselland. Nach der deutschen Vereinigung kommen neue Gefahren, ein noch stärkerer Touristenstrom auf die strapazierte Inselnatur zu, und es ist zu hoffen, daß nicht kurzsichtige, egoistische Interessen über die Reste schützenswerter Natur auf Rügen und Hiddensee siegen werden.

Es läßt hoffen, daß Menschen voller Verantwortung und mit Herzen, die für den Schutz der Natur und für die Landschaft am Meer schlagen, ehrenamtlich oder in diversen Verwaltungen auf Rügen und Hiddensee nimmermüde tätig sind, das Schlimmste zu verhüten oder gar bereits Verlorenes wieder zu gewinnen. Solchen Menschen, die bereits seit den fünfziger Jahren den einzigartigen Wert der Inselnatur erkannten und sich tatkräftig für deren Schutz, teilweise unter schwierigen Bedingungen und gegen viele Widerstände, einsetzten, sei dieses Büchlein gewidmet. Sie schufen die Grundlage auch für die heutigen Großschutzgebiete, die hoffentlich die Gewähr bieten, daß Teile der Insellandschaft lebens- und liebenswert bleiben.

Zu nennen seien hier nur Vater und Sohn Dost, die als Kreisnaturschutzbeauftragte gewaltige Arbeit in ihrer Freizeit für Rügen leisteten und leisten, oder die Mitarbeiter des damaligen Institutes für Landschaftsforschung und Naturschutz, Zweigstelle Greifswald, ohne deren Engagement nicht viel im Naturschutz gelaufen wäre.

Dieses Büchlein ist kein Reiseführer! Es soll eine Ergänzung zu den „normalen" Reiseführern darstellen, für Menschen, die noch etwas mehr über die Natur der beiden Inseln wissen wollen. Daß auf den wenigen Seiten nicht umfassend und tiefschürfend alle Aspekte behandelt werden konnten, dürfte jeder einsehen. Spezielle Literatur führt in vielen Fällen weiter.

Geheimnisse, die der Natur schaden könnten, also etwa Horststandorte o. ä., werden in diesem Naturführer nicht verraten. Trotzdem wurden auch einige Naturschutz-gebiete genannt, die der Öffentlichkeit nicht zugänglich sind, um mitzuhelfen, die reichhaltige Inselnatur bekannter zu machen, denn nur was wir kennen und lieben, werden wir mit Erfolg schützen können...

Kein Naturfreund und verantwortungsvoller Mensch wird auf den Gedanken kommen, etwa aus Neugier die gesperrten Vogelinseln zu betreten oder am Kranichschlafplatz zu stören.

Bitte helfen Sie mit, den Störfaktor Tourismus und „Naturtourismus" möglichst gering zu halten. Die reiche Natur der Inseln wird es Ihnen mit schönen Erlebnissen danken...

Galenbeck, im Sommer 1993   Erich Hoyer

Abendstimmung auf Rügen

Rügen -
Kleinod der vorpommerschen Küste

„Die Insel ist in der That einer der schönsten Edelsteine in der Krone des preußischen Königs. Ich habe späterhin Gelegenheit gehabt, noch manch andere schöne Gegend des deutschen Vaterlandes kennen zu lernen; ich habe den Harz und den Thüringer Wald durchwandert, ich bin anderthalb Jahre ein Anwohner des Rheins gewesen, ich hab den Odenwald, den Schwarzwald und die Alpen gesehen, - noch immer aber steht Rügen neben allen diesen Gegenden unübertroffen für mich da."

Zugegeben, diese Hommage auf Rügen, geschrieben vor 120 Jahren von Ernst Boll, ist voller Schwärmerei und Subjektivität - doch gönnen wir uns das, denn ein großes Stück davon ist Grundlage für echte Naturliebe und daraus resultierendem aktiven Naturschutz.

Auch heute noch ist Rügen eine Reise für Naturfreunde wert, und Hiddensee und Rügen spielen nicht nur für den Tourismus, sondern auch für den deutschen Naturschutz eine wichtige Rolle. Ein Großteil der Inseln stehen unter Schutz: Die westlichen Randbereiche Rügens nebst der Insel Hiddensee sind Bestandteile des Nationalparks „Vorpommersche Boddenlandschaft", die herrlichen Buchenwälder mit der grandiosen Steilküste im Nordosten wurde zum „Nationalpark Jasmund" erklärt, der sehr abwechslungsreiche, landschaftlich schöne Südostteil mit Mönchsgut, der Insel Vilm und dem Waldgebiet der Granitz ist als „Biosphärenreservat Südost-Rügen" ausgewiesen und der „Rest", bis auf einige Gebiete südlich von Bergen und

bei Mukran, bilden den „Naturpark Rügen".

Diese hohe Konzentration von Naturschutzflächen besteht zu Recht, denn abgesehen vom hohen Erholungswert der Landschaft als Grundlage für den Tourismus, sind erstaunlich viele verschiedene Lebensräume von Pflanzen und Tieren auf relativ engem Raum mit mannigfaltigem Arteninventar zu finden.

links: Kap Arkona
unten: Rügenkarte von 1849 (Boll)

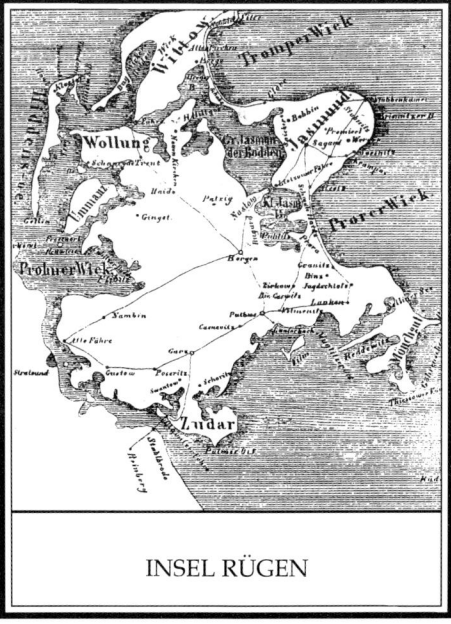

INSEL RÜGEN

immaturer Seeadler

Adler

Mecklenburg-Vorpommern ist noch immer das Land der uralten starken Eichen, der Hirsche, Wildgänse und - der Adler. Ein großer Teil des deutschen Brutbestandes der heimischen Adlerarten ist im nordöstlichen Bundesland zu Hause.

Rein theoretisch sind auf Rügen alle mitteleuropäischen Adlerarten als Gäste zu erwarten, doch die Zeiten, da an der Steilküste des Kap Arkona der Seeadler brütete (das war noch bis 1879 der Fall) und sogar auf dem Hiddenseer Gellen Bodenhorste bestanden, sind längst vorbei.

Doch Brutvogel ist der Seeadler auf Rügen immer noch. Besonders regelmäßig und in teilweise beachtlicher Anzahl können im Winterhalbjahr Seeadler auf Rügen beobachtet werden. Dann zieht es insbesondere jüngere Adler aus Skandinavien südlicher. Zum Beispiel stehen mit ziemlicher Sicherheit auf den wasservogelreichen flachen Gewässern zwischen Hiddensee und Stralsund bei Eisbedeckung oftmals mehrere Seeadler auf dem Eis.

Paradiesische Zustände müssen Ende vorigen Jahrhunderts

geherrscht haben, als auf der Insel Vilm „Scharen von 40 bis 50 Stück und mehr" im Herbst Schlafplätze bezogen (HOLTZ, 1871) und ein Forstbeamter in einem Winter auf der selben Insel 20 Seeadler erlegte, davon 7 der Vögel an einem einzigen Abend (KATTER, 1897).

Obwohl der Schreiadler im östlichen Mecklenburg-Vorpommern sein Hauptverbreitungsgebiet in Deutschland hat, brütet die Art auf Rügen nicht.

Der Steinadler brütete noch Mitte vorigen Jahrhunderts auf Arkona. Heute wird dieser Adler hin und wieder als Gastvogel gesichtet.

Die Chancen, den Fischadler zu beobachten, sind insbesondere im April und September/Oktober an den Boddengewässern groß, wenn die in Skandinavien brütenden Adler hier durchziehen und sich besonders im Spätsommer auch etwas länger aufhalten. Der Fischadler brütet nur sehr sporadisch in einem Paar auf Rügen.

Seite 12/13:
Rügen-
Boddenlandschaft
Blick zur Udarser Wiek
von Süden

links:
Seeadler landet auf der
Sandbank des „Neuen
Bessin" (Hiddensee)

Algen

Die Ostee, die Rügen und Hiddensee umgibt, ist bereits recht ausgesüßt. Der Salzwasserzustrom in die östliche Ostsee wird von einigen unterseeischen Schwellen vermindert, was dazu führt, daß der Salzgehalt auch des Oberflächenwassers der Ostsee im Westen am größten ist und nach Osten zu immer weiter abnimmt. Während im Kattegatt der Salzgehalt noch etwa 15 Promille beträgt, sind es bei Rügen nur noch etwa 6–8 Promille, um schließlich im Bottnischen Meerbusen bis auf 2 Promille abzusinken. Diese Schwankungen im Salzgehalt des Wassers haben natürlich ihre Auswirkungen auf die Pflanzen- und Tierwelt der Ostsee. In der mittleren Ostsee können sich nur solche Organismen halten, die starke Schwankungen des Salzgehaltes vertragen. Dementsprechend nimmt von West nach Ost die Anzahl der Meerespflanzen und -tiere beträchtlich ab. So ist es auch mit den marinen Algenarten. Von den etwa 120 Braunalgen und 80 Rotalgen, die westlich von Hiddensee leben, bleiben weniger als die Hälfte in der Ostsee östlich von Rügen übrig. Einige Algenarten sind für den Spaziergänger an der Küste besonders auffällig: Das Gemeine Seegras (Zostera marina) gehört allerdings nicht zu den ansonsten sehr ähnlichen Großalgen der Ostsee. Es ist die einzige Blütenpflanze der Ostsee, die z. B. auf dem sandigen Meeresgrund vor Hiddensee ausgedehnte unterseeische Wiesen bildet.

Häufige Grünalgenarten sind die Seidige Cladophora (Cladophora glomerata) oder auch die Felsen-Cladophora (Cl. rupestris). Der Flache Darmtang (Enteromorpha compressa) ist eine hellgrüne, sehr vielgestaltige Art. Eine besonders bekannte Grünalge ist auch der Gemeine Meersalat (Ulva lactuca), das grüne, lappenartige Pflanzen, die auf Steinen festgewachsen sind oder auch in Meeresbuchten lose am Grund liegen.

Von den Braunalgenarten soll hier zumindest die Gemeine Meersaite (Chorda filum) genannt werden, die gelbliche bis olivgrüne Bänder bildet und auf Steinen bis zu einem Meter Tiefe festgewachsen ist. Eine Besonderheit für Rügen ist schon der Zuckertang (Laminaria saccharina), der östlich des Darß kaum noch vorkommt (bei Stürmen kann er aber z. B. an der Westküste Hiddensees angeschwemmt werden). Ein Vorkommen des Zuckertanges besteht vor der Küste Arkonas. Die auffälligste und häufigste Braunalge der südlichen Ostseeküste ist der Blasentang (Fucus vesiculosus), deren „Schwimmblasen" auf den bandförmigen,

Blasentang

gablig verzweigten, lederartigen Pflanzen namengebend waren.

Auch der Sägetang (Fucus serratus), der keine Schwimmblasen trägt und in 1 bis 10 m Tiefe vorkommt, ist eine ziemlich verbreitete Braunalgenart.

Von den Rotalgen ist der Gabeltang (Furcellaria fastigiata) im gesamten Ostseegebiet weit verbreitet. Er bildet dichte Büschel aus knorpeligen Ästen.

Der Gemeine Horntang (Ceramium rubrum) ist die häufigste Rotalge der südlichen Ostsee. Diese braunrote Alge, die gabelig verzweigte Büschel bildet, kommt meist in Tiefen bis zu 2 m vor.

Alken

Auch wenn es in den Boddengewässern Rügens streng geschützte „Seevogelinseln" gibt - als Brutorte für Alkenvögel sind diese flachen Inseln nicht geeignet.

Alkenvögel sind daher nur als seltene Gäste auf Rügen und Hiddensee zu erwarten.

Am regelmäßigsten sind Gryllteiste (von den schwedischen Ostseebrutorten kommend) Gäste auf Rügen, und die meisten Beobachtungen dieser Art an der mecklenburgisch-vorpommerschen Ostseeküste überhaupt stammen von Rügen und Hiddensee.

Auch die Ostseeform der Trottellumme kommt hin und wieder bis an die Ostküste Rügens.

Das trifft auch für den Tordalk zu. Die Chance Alkenvögel auf Rügen zu sehen, sind von den Hochufern um das Kap Arkona besonders günstig.

Seltene Gäste auf Rügen und Hiddensee: Trottellumme

Tordalken

Alleen

Die rügenschen Alleen sind inzwischen berühmt geworden, und viele Stimmen erho-
ben sich inzwischen zu deren Erhaltung.
Doch das ursprüngliche Bild ist strecken-
weise bereits stark verändert. Malerische
Kopfsteinpflasterstraßen wurden bis an die
Bäume heran asphaltiert und die Bäume arg
beschnitten, um auf das geforderte Licht-
raum-Profil von 4,50 m zu kommen.
Sehenswerte Alleen sind beispielsweise die
Sommerlindenallee südlich von Garz bei
Losentitz. Alte Bäume mit teilweise über
zwei Meter Umfang säumen die Straße, und
das Blätterdach bildet regelrecht einen grünen Tunnel. Sehenswert weiterhin die Allee
von Karow nach Zirkow (Rotbuchen) und
die Sommerlindenallee zwischen Putbus
und Lauterbach.
Eine ehemals bestehende Ulmen-Allee von
der Wittower Fähre nach Wieck ist inzwischen durch das Ulmen-Sterben weitgehend
vernichtet.

Kopfweidenallee bei Lauterbach

Arkona

Der nördlichste Punkt der Insel Rügen, die Hochufergestade des Kap Arkona, sind nicht nur als touristischer Anlaufpunkt von Bedeutung. Auch der Naturfreund ist gut beraten, Arkona zu besuchen - schon um andachtsvoll die Stellen kennenzulernen, wo an den Steilufern noch vor hundert Jahren Stein- und Seeadler und vielleicht auch der Wanderfalke brüteten.

Im Winterhalbjahr sind von hier aus besonders günstig nordische Wintergäste, wie Seetaucher, Meeresenten, Großmöwen oder gar Lum-men zu beobachten. Besondere Bedeutung hat Arkona als markanter Punkt innerhalb der „Vogelzugstraße" entlang der Ostseeküste. Ornithologen machten etliche solcher Zugwege aus, die sich am Kap Arkona kreuzen. So ziehen viele Singvögel von Skandinavien kommend vom Kap Arkona aus in westliche Richtung die Küstenlinie über Dranske zur Insel Hiddensee.

Arkona ragt immerhin 46 m hoch über der Ostsee, und an klaren Tagen ist mit dem Fernglas die dänische Insel Moen zu sehen.

Fischer von Vitt;
im Hintergrund Kap Arkona

Slawischer Burgwall auf Kap Arkona

Gold der Ostsee - Bernstein

Bernstein

Manche Urlauber auf Rügen und Hidden-see mögen sich Kreuzschmerzen holen, wandern sie doch unermüdlich suchenden Blickes nach unten die Strände entlang und wenden die Spülsäume um und um. Bernstein, das Gold des Nordens, ist das Zaubermittel, das diesen rauschhaften Zu-stand erzeugt, und tatsächlich sind die Chancen, an bestimmten Stränden, z. B. an der Westküste von Hiddensee, recht hoch, besonders nach Stürmen schöne Bernstein-stücke zu finden. In das gelbe bis braune, durchsichtige erstarrte Harz von Nadelbäu-men des Tertiär sind manchmal Insekten oder andere Kleintiere oder auch Pflanzen-teilchen eingeschlossen, und solche Stücke sind dann natürlich besonders attraktiv und begehrt.

Beuchel

Die kleine Vogelinsel liegt in der Neuendorfer Wiek, einer Bucht des Breetzer Boddens. Nur knapp 17 ha ist das geschützte Eiland groß. Es ist aber doch ein wichtiges Glied in der Kette der rügenschen Küstenvogelschutzgebiete. Unter Schutz steht die Insel bereits seit 1940.

Lange Zeit bestand auf der Insel die kopfstärkste Lachmöwenkolonie der Ostseeküste (fast 10 Tausend Paare).

Weitere Brutvögel sind Sturm- und Silbermöwe, Flußseeschwalbe und gelegentlich Schwarzkopfmöwe. In den sechziger und siebziger Jahren stellten sich Brandseeschwalben mit 500 und mehr Brutpaaren ein.

Zehn Entenarten brüten mehr oder weniger regelmäßig und in wechselnder Zahl. Graugans, Mittelsäger, Brandgans und Höckerschwan sind weitere Brutpaare.

Die Insel darf ohne Genehmigung nicht betreten werden, doch ist vom Breetzer Ufer aus ein Blick auf das Vogeltreiben auf der und um die Insel möglich.

Lachmöwenkolonie auf der Insel Beuchel

Biosphärenreservat Südost-Rügen

Diese Schutzkategorie resultiert aus einem Programm der UNESCO „Mensch und Biosphäre", das weltweit charakteristische Kulturlandschaften auswählt und durch entsprechende Forschungs- und Schutzkonzepte die Wechselwirkungen zwischen Mensch und Natur in den Mittelpunkt stellt. Es sind also wertvolle, vom Menschen geprägte (aber nicht zerstörte) Kulturlandschaften, die mit dieser Schutzform erhalten werden sollen.

Südost-Rügen bietet alles, was man sich von solch einem Biosphärenreservat wünscht: eine einmalige Verzahnung von Land und Meer, von Fischerei und Landwirtschaft; ein von der Eiszeit geformtes, bewegtes und unglaublich reizvolles Relief, das dieser Landschaft zwischen Thiessow und Binz, Göhren und Putbus einen hohen Erholungswert gibt. Nicht unberührte, aber noch sehr vielfältige Natur mit großem Artenreichtum gilt es hier zu bewahren.

Viele schon vor 1990, dem Gründungsjahr des Biosphärenreservates bestehende Naturschutzgebiete wurden einbezogen und bilden nun mit einem Viertel der Gesamtfläche (23500 ha) die Kernzonen des Reservates. Wahre Perlen der Landschaft sind darunter: die Insel Vilm oder auch das NSG Zickersche Höft.

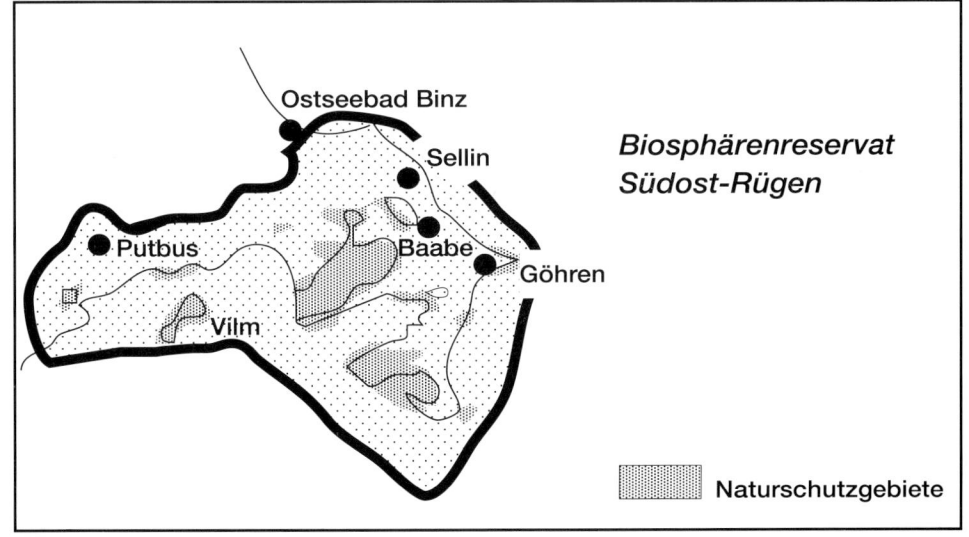

Bodden

Die fast vollständig von Land umschlosse-
nen Meeresbuchten werden Bodden genannt. Rügen bietet besonders viele dieser
Meeresbuchten (weitergeöffnete Meeresbuchten sind „Wieken"), die weitgehend
ausgesüßt sind und nur schwach salziges
Brackwasser enthalten.
Meist sind die Bodden, die wichtigsten sind
der Greifswalder und der Jasmunder Bodden, sehr flach und leider manchmal, wie
der Kleine Jasmunder Bodden stärker durch
Abwässer beeinflußt.
Für den Naturfreund bieten die Bodden
sehr interessante Vogellebensräume, und
für den Wanderer bieten sie immer neue
reizvolle optische Genüsse.
Beachtlich sind die Unterschiede in der
Kleintierbesiedlung der Bodden im Vergleich mit den offenen Küsten. In den Bodden bleiben die (in viel geringerer Zahl
vorkommenden) Herzmuscheln, Plattmu-
scheln und Sandklaffmuscheln viel kleiner
als an der offenen Küste. Auch im Bodden
kommen zahlreich Flundern, Strandschnek-
ken und Meerasseln vor.

Bug

Die schmale Landzunge zwischen der Halbinsel Wittow und Hiddensee hat überragen-
de Bedeutung als Vogelzug-Leitlinie.
Ehemals militärisches Sperrgebiet ist die
Halbinsel heute zusammen mit der gegenüberliegenden Halbinsel Neuer Bessin eine
der Kernzonen des „Nationalpark Vorpommersche Boddenlandschaft" und somit nur
eingeschränkt betretbar.

Seite 23:
oben:
Der mittlere Teil des Bug; im Hintergrund die
Nordspitze von Hiddensee mit dem Bessin
unten:
Weißdünen auf dem Hiddenseer Bessin

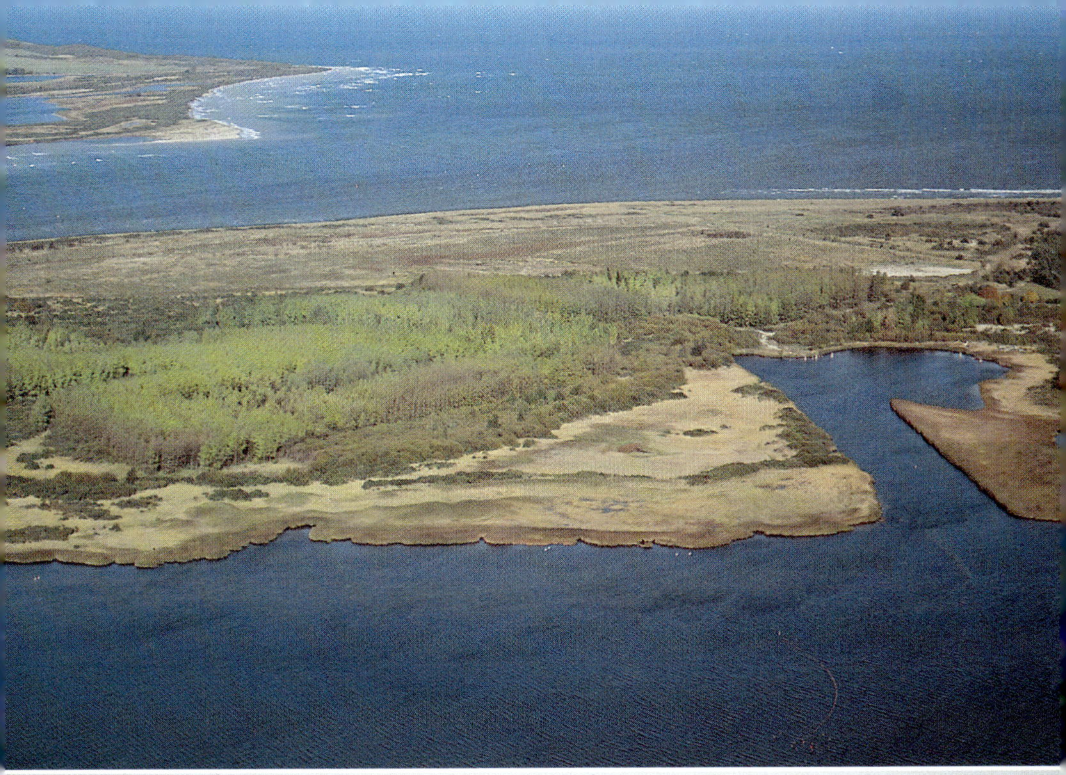

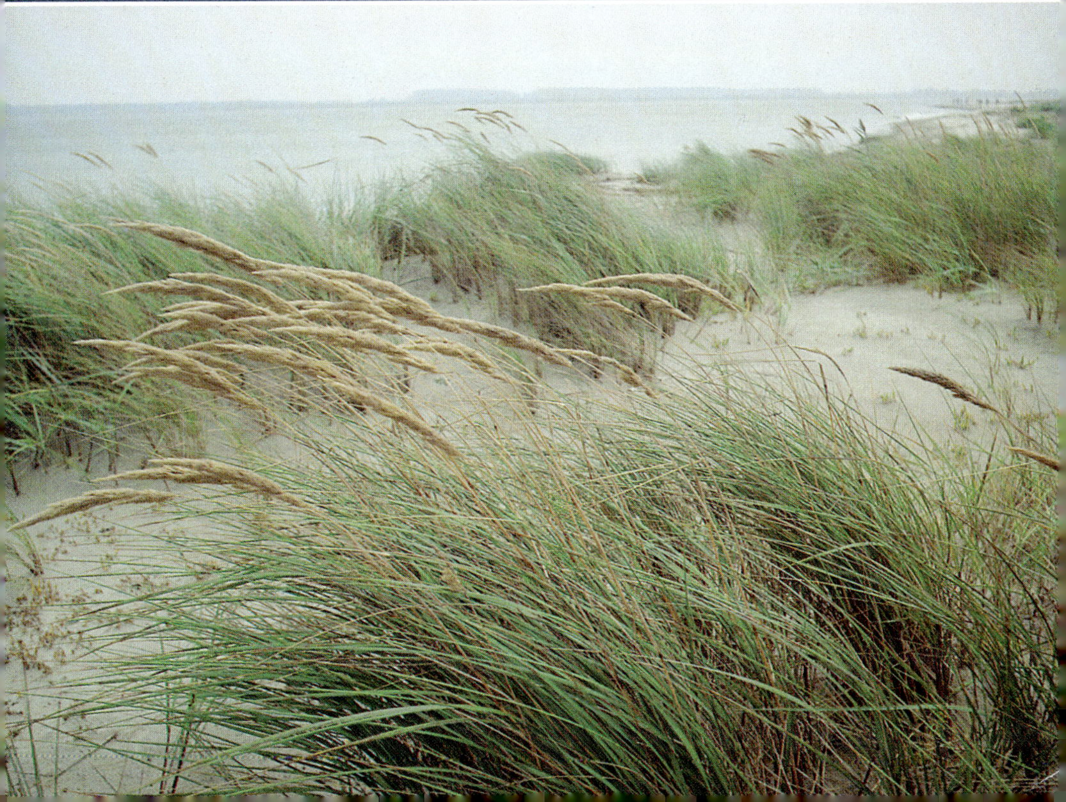

Dünen

Dünen erfreuen nicht nur den Badegast, sondern sind auch als landschaftsprägende und uferschützende Elemente von Bedeutung. Auch für den Pflanzenfreund sind sie interessante Standorte an der Meeresküste. Pflanzen haben es im Dünenbereich schwer, Fuß zu fassen. Die Sandkörner sind bedingt durch Wind und Wasser in ständiger Bewegung. Der abgetrocknete Sand des Uferbereiches wird vom Wind landeinwärts getragen, trifft auf Hindernisse und bildet schließlich Dünen. Die erste Dünenreihe, meist gleich hinter der „Abblasefläche", dem eigentlichen Strand, hat keine geschlossene Pflanzendecke und weist noch größere offene Sandpartien auf. Sie wird als Weißdüne bezeichnet. Weiter landeinwärts gelegen weisen die Dünen eine reichhaltigere Vegetationsdecke auf, die in ihrer Gesamtheit grau erscheint und somit auch als Graudünen bezeichnet werden. Zwergsträucher wie Heidekraut und Krähenbeere sind typisch für die dritte Dünenkategorie, die Braundüne.

Die Besiedlung der drei Dünentypen zeigt eine floristische Bestandsaufnahme auf Hiddensee bei der Ortschaft Neuendorf (LOBECK u. a., 1966):

1. Weißdüne:
Graues Silbergras *(Corynephorus canescens)*

Sand-Segge *(Carex arenaria)*

Strandhafer *(Ammophila arenaria)*

Weiche Trespe *(Bromus hordeaceus)*

2. Graudüne:
Gemeines Ferkelkraut *(Hypochaeris radicata)*

Schaf-Schwingel *(Festuca ovina)*

Gemeines Ruchgras *(Anthoxanthum odoratum)*

Sand-Segge *(Carex arenaria)*

Kleiner Ampfer *(Rumex acetosella)*

Kleines Habichtskraut *(Hieracium pilosella)*

Graues Silbergras *(Corynephorus canescens)*

Wiesen-Labkraut *(Galium mollugo)*

Becher-Flechte *(Cladonia spec.)*

Gemeines Straußgras *(Agrostis tenuis)*

Acker-Stiefmütterchen *(Viola tricolor)*

Spitz-Wegerich *(Plantago lanceolata)*

Strand-Beifuß *(Artemisia maritima)*

Gemeiner Strandhafer *(Ammophila arenaria)*

Gemeine Grasnelke *(Armeria maritima)*

Berg-Sandknöpfchen *(Jasione montana)*

3. Braundüne :
Gemeines Heidekraut *(Calluna vulgaris)*

Graues Silbergras *(Corynephorus canescens)*

Sand-Segge *(Carex arenaria)*

Draht-Schmiele *(Deschampsia flexuosa)*

Gemeines Ferkelkraut *(Hypochaeris radicata)*

Becher-Flechte *(Cladonia spec.)*

Wacholderblättriges Bürstenmoos *(Polytrichum juniperinum)*

Hänge-Birke *(Betula pendula)*

Berg-Sandknöpfchen *(Jasione montana)*

Schaf-Schwingel *(Festuca ovina)*

Schüssel-Flechte *(Parmelia physodes f. vittato.)*

Kleines Habichtskraut *(Hieracium pilosella)*

Spitzblättriges Torfmoos *(Sphagnum nemoreum)*

Aufrechtes Fingerkraut *(Potentilla erecta)*

Schwarze Krähenbeere *(Empetrum nigrum)*

Enten

Die in Norddeutschland als Brutvögel vorkommenden Entenarten sind auch in der Brutzeit und noch mehr zu den Zugzeiten, insbesondere in den Vogelschutzgebieten und auf den Boddengewässern Rügens und Hiddensees anzutreffen. Besondere Seltenheiten unter den brütenden Entenarten sind die sporadischen Vorkommen der Pfeifente (Anas penelope) auf der Insel Heuwiese und auf der Fährinsel und der Spießente (Anas acuta) auf der Heuwiese.

Spießenten

Interessanter ist die Möglichkeit, auf den Gewässern um Rügen und Hiddensee im Winterhalbjahr die teilweise beachtlichen Zahlen rastender nordischer Enten zu erleben.

So rasten im Greifswalder Bodden, dem Freesendorfer See oder bei Zudar im März/April manchmal über 10 Tausend Bergenten (Aythya marila). Im Winter kommt es an den Außenküsten zu Ansammlungen von einigen Tausend Eiderenten (Somateria mollissima), und auch die Eisente (Clangula hyemalis) erscheint in größerer Zahl.

Während des Frühjahrszuges können auch die rastenden oder durchziehenden Exemplare der Trauerente (Melanitta nigra) zu Tausenden zählen (besonders vor Ost-Rügen). Auch die Samtente (Melanitta fusca) kann beachtliche Ansammlungen bilden und die Gewässer um Rügen sind einer der wichtigsten Rastplätze der Schellente (Bucephala clangula) an der Ostseeküste.

Ausgesprochen seltene Irrgäste sind die Spatelente (Bucephala islandica) von der zwei Nachweise von der Insel Hiddensee vorliegen, die Kragenente (Histrionicus histrionicus), ebenfalls bei Hiddensee nachgewiesen oder auch die Scheckente (Polysticta stelleri), die beispielsweise vor Arkona gesehen wurde.

Die Prachteiderente (Somateria spectabilis) wurde in den letzten Jahren mehrfach an der Nord- und Ostküste Rügens beobachtet.

Fährinsel

Östlich Hiddensee vorgelagert ist die 93 ha große Fährinsel, die seit 1910 als Vogelschutzgebiet bekannt ist. Von Hiddensee aus, zwischen Vitte und Neuendorf (Nähe Gaststätte Heiderose), kann ein kleiner Eindruck vom Vogelleben auf der Insel gewonnen werden. Der stark fortgeschrittene Aufwuchs, z. B. mit Wacholder und anderen Gehölzen, hat allerdings den Wert der

Feuersteine

Feuersteine, die an den Küsten Rügens und Hiddensees häufig zu finden sind, bilden auf der „Schmalen Heide" ganze „Feuersteinfelder" (NSG), die einzigartige geologische Denkmäler darstellen. Feuersteine sind aus mikroskopisch feinen Kristallfasern (einer dichten Varietät des Quarzes) mit vielen organischen Beimengungen aufgebaut. Kieselige Hartteile verschiedenster

Feuersteinstrand auf Jasmund

Insel als Brutgebiet für seltene Seevogelarten etwas schwinden lassen. Die ehemals hohen Zahlen an brütenden Mittelsägern sind stark zurückgegangen.

Zur Zurückdrängung des Aufwuchses wurden Gotlandschafe auf die Insel gebracht.

Brandgänse brüten nach wie vor in großer Zahl und bedeutend sind die Möwenansiedlungen.

In manchen Jahren kam es hier zum Brüten der Schwarzkopfmöwe.

Meerestiere (besonders Schwammnadeln) lösten sich und lieferten die Kieselsäure. Perlschnurartig sind Feuersteinbänder streifenförmig in den Kreidebeständen Rügens, die vor etwa 75 Millionen Jahren aus dem Schlamm des 200 m tiefen Kreidemeeres enstanden, eingelagert.

Besonders große Feuersteine („Saßnitzer Blumentöpfe"), sind als Vorgarten-Schmuck in Vitt auf der Halbinsel Jasmund zu bewundern.

Feuersteinfelder

Auf der „Schmalen Heide" bietet sich dem Wanderer ein Naturphänomen, das eine der touristischen Attraktionen Rügens darstellt, die Feuersteinfelder - wahrhaft ein Meer von Steinen. Das seltsame Geröll-Strandwallsystem von etwa 300 m Breite und ca. 2500 m Länge ist in seiner Ausbildung einzigartig an den deutschen Küsten.

1961 wurden Teile der Schmalen Heide mit den Feuersteinfeldern unter Schutz gestellt und 1990 nochmals um 10 ha erweitert. Trotz der geringen Humusanteile zwischen dem Feuersteingeröll bewachsen die Feuersteinwälle leider immer mehr, so daß wirklich freie Flächen zunehmend kleiner werden. Abhilfe sollte ein Damwildgatter schaffen, das im Zentrum des Reservates entstand.

Die Schmale Heide war schon immer ein sehr wildreiches Gebiet und die große Ruhe, die hier herrschte sowie die ausgezeichneten Äsungsmöglichkeiten ließen die Schmale Heide zur fürstlichen „Wildkammer" werden, in der die aristokratischen Herren große Jagden veranstalteten. So wurde auf einer Jagd im Jahre 1913 immerhin 224 Stücke Rot- und Damwild geschossen!

Sicher hatte diese hohe Wilddichte auch ihren Anteil daran, daß die Feuersteinfelder nicht überwuchsen.

Die Feuersteinwälle wurden wahrscheinlich vor etwa 4000 Jahren durch starke Sturmhochwasser aufgeworfen. Die im Mittel 3 m hoch liegenden Steine könnten von einer vom Meer zerstörten Kreidescholle nördlich der Schmalen Heide stammen.

Auch an botanischen Besonderheiten bietet das Naturschutzgebiet einiges. So kommt in feuchteren Bereichen des Reservates das seltene Braune Schnabelried (Rhynchospora fusca) vor, und auf den Feuersteinwällen wächst der Nördliche Streifenfarn (Asplenium septentrionale). Im Kiefernwald blüht vereinzelt das Moosglöckchen (Linnaea borealis) und einige Wintergrün- (Pyrola) arten. In einigen feuchten Senken wachsen Orchideen, wie das Steifblättrige Knabenkraut (Dactylorhiza incarnata) und das Sumpfglanzkraut (Liparis loeselii), sowie der Mittlere Sonnentau (Drosera intermedia).

Die Feuersteinfelder auf der Schmalen Heide

Findlinge

Besonders der östliche Teil der Insel Rügen ist sehr reich an großen Steinen („Geschiebe" oder „erratische Blöcke").

SCHMIDT (1965) beschreibt deren Herkunft so:

„Während der Ostsee-Großgletscher beim Vorstoß von Nordosten her durch den harten Granitklotz der Insel Bornholm in zwei Gletscherströme geteilt wurden, kam es sicher an den Rändern der Letzteren zur Bildung von seitenmoränenartigen Grobschuttfahnen mit großen Blöcken. Auch an den Flanken und hinter den durch diese Gletscher hochgepreßten und steilgestellten Kreideschollen von Jasmund und Wittow kamen viele Blöcke zur Ruhe.

Letzte Vorstöße beim allgemeinen Gletscherrückzug am Ende der letzten Eiszeit führten zur weiteren Anhäufung bzw. Umlagerung von Großgeschieben in Moränengabeln, wie z. B. auf Mönchgut.

Sofern die Findlinge nicht auf dem Boden auflagen, wurden sie im Verlauf der Jahrtausende langsam aus den eiszeitlichen Ablagerungen herausgelöst. Diese Arbeit verrichtete der natürliche Bodenabtrag durch Regen und Gewässer sowie die Meeresbrandung an den Steilküsten....

Nicht zu unterschätzen ist die Tätigkeit der mittel-jungsteinzeitlichen Bevölkerung, die viel zur Konzentration recht großer Blöcke in sogenannten „Totenfeldern", d. h. Anhäufung von Hünen- oder Großsteingräbern, beigetragen hat."

Hier eine „Hitliste" der 16 wertvollsten Findlinge von Rügen und Hiddensee (nach Angaben aus SCHMIDT, 1965):

Name/Lage des Findlings	Volumen in m³	Gewicht in t	Prozent des sichtbaren Anteils
1. Buskam	600	1626,0	5
2. Der große Stein bei Nardevitz	104	281,0	40
3. Stein vor Gell-Ort	61	165,0	70
4. Schwanenstein vor Lohme	60	162,0	90
5. Klein-Helgoland	41	111,0	50
6. Opferstein bei Quoltitz	27	63,0	60
7. Waschstein vor Stubbenkammer	22	59,0	70
8. Stein an der Uferpromenade von Saßnitz	21	57,0	60
9. Breitenstein	18	49,0	50
10. Fritz-Worm-Stein am Lobber Ort	17	46,0	90
11. Svantekas bei Ruschvitz	15	40,5	95
12. Nördlicher Stein am Zickerschen Höft	15	40,5	90
13. Kosegarten-Stein südlich Kap Arkona	14	37,8	95
14. Stein „Im Kiel" in der Stubnitz	12	32,4	30
15. Südlicher Stein am Zickerschen Höft	10	27,0	90
16. Stein vor der Hucke auf Hiddensee	10	27,0	75

Fossilien

Rügen ist für Paläontologen und Sammler von Versteinerungen wegen der großen Vorkommen von Fossilien mit ausgezeichnetem Erhaltungszustand in der Schreibkreide zum Begriff geworden. In den Feuersteinwällen des Strandes werden die Fossilien, oft nur als Steinkern, für den Strandwanderer am ehesten sichtbar. Die in der Kreide eingeschlossenen Fossilien sind meist in einem weit besseren Erhaltungszustand.

Eigentlich ist die Rügensche Schreibkreide ein einziges großes Fossilienlager, denn sie besteht zu fast drei Vierteln aus winzigen verkalkten Zelluloseschuppen, die die Zellwand von Coccolithen, das sind einzellige, flagellatenartige Organismen mit großer Formenmannigfaltigkeit, bilden.

Weitere Anteile der Kreide bestehen aus Moostierchenresten (Bryozoen) mit bis zu 8 %, Kammertierchen (Foraminiferen), mit ungefähr 1 % und anderen Kleinlebewesen.

Die bekanntesten Fossilien der Schreibkreide sind die „Donnerkeile", die Belemniten, die Skeletteile von Tintenfischen darstellen. In der Kreide Rügens sind bisher nur zwei Unterarten der Belemniten nachgewiesen. Die häufigere der beiden Unterarten ist Belemnella occidentalis, während Belemnella occidentalis cimbrica weit seltener zu finden ist.

Nicht ganz so häufig wie die Donnerkeile, aber doch nicht selten, sind die fossilen Seeigel (Echiniden) zu finden.

Ihr Erhaltungsgrad ist sehr unterschiedlich. Die Stacheln der Seeigel sind meist isoliert im Sediment zu finden und dann schwierig den einzelnen Seeigel-Arten zuzuordnen.

Häufige Arten auf Rügen sind z. B. Salenidia pygmaea und Stereocidaris pistillum. Daneben kommen mindestens noch 23 weitere fossile Seeigelarten hier vor.

Natürlich findet der Fossilienliebhaber bei entsprechender Sachkenntnis auch Reste anderer Tiergruppen wie Muscheln, Schnecken, See- und Schlangensterne, Korallen, Schwämme, Seegurken, Einzeller und sogar Reste von Knochenfischen. Soll ernsthaft im Nationalpark Jasmund gesammelt werden, darf nicht vergessen werden, daß eine entsprechende Genehmigung erforderlich ist.

Fossilien der Kreideküste

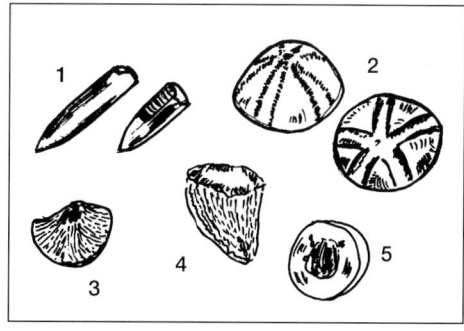

1   *Belemniten-Rostrum (Donnerkeil)*
2   *Seeigel*
3   *Muschel (Spodylus fimbriatus)*
4   *Koralle*
5   *Kieselschwamm („Klapperstein")*

Fische der Ostsee

Im Verlauf der deutschen Ostseeküste nimmt der Salzgehalt kontinuierlich von West nach Ost ab. Die Gewässer um Rügen zeigen deutlichen Brackwassercharakter, und insbesondere in den Boddengewässern ist die Aussüßung stark. Dementsprechend sind insbesondere in den Rügenschen Bodden oder auch im Strelasund eine ganze Reihe von Süßwasserfischen anzutreffen. Zur Nahrungssuche können Süßwasserfische auch in die Ostsee einwandern, doch kehren sie zur Fortpflanzung stets in das Süßwasser zurück.

Typische Freiwasserfische, Fische der offenen See, sind Hering und Makrele. Vom Hering wandern große Schwärme im Frühjahr in die Gewässer um Rügen zu den Laichplätzen. Auf Wasserpflanzen oder auf den Boden werden je Weibchen um 30 Tausend Eier in dicken Schichten abgelegt. In der östlichen Ostsee ist eine Zwergform des Herings, der Strömling, verbreitet.

In den Heringsreusen bei Rügen kann es zu Massenfängen des Hornhechtes kommen. Diese langgestreckten Fische werden fast 1 m lang und 1 kg schwer.

Einige interessante oder attraktive Fische, die beim Tauchen in den Gewässern um Rügen und Hiddensee erlebt werden können, sind beispielsweise:

Hecht *(Esox lucius)*: In allen Boddengewässern Rügens. Ausgesprochen große Exemplare mit geringer Fluchtbereitschaft erlebte ich beim Tauchen in den boddenseitigen Gewässern („Schwarzer Peter") südlich von Neuendorf auf Hiddensee.

Flußaal *(Anguilla anguilla)*: Häufiger Fisch auch an der offenen Küste. Gern in Seegrasbeständen.

Quappe *(Lota lota)*: Häufig in den Boddengewässern

Flußbarsch *(Perca fluviatilis)*: Diese Art kommt sehr häufig in den Boddengewässern vor und zieht auch in brackigere Bereiche. Hier ist er wegen der besseren Sicht gut mit der Unterwasserkamera zu fotografieren.

Butterfisch *(Pholls gunellus)*: Der etwa 20 cm lange Fisch ist gelblich marmoriert und trägt 9–13 Augenflecke, die ihn attraktiv ausschauen lassen. Nicht selten z. B. vor der Steilküste des Dornbuschs (Hiddensee) zu sehen.

Aalmutter *(Zoarces viviparus)*: Bis zu einem halben Meter lang werdender Fisch mit plumpem Kopf und weitem Maul. Gelbgrün bis braun gefärbt, und der Rücken trägt dunkle Querbinden. Auch diese Art ist beim Tauchen an der Westküste der Insel Hiddensee nicht selten zu erleben.

Seeskorpion *(Cottus scorpius)*: Dieser etwa 30 cm lange Fisch sieht sehr abenteuerlich und bizarr aus, kommt nicht selten vor und wird manchmal in Andenkenläden präpariert auf Rügen verkauft.

Seestichling *(Spinachia spinachia)*: Kommt in noch nicht allzu ausgesüßten Gewässern um Rügen vor.

Klippenbarsch *(Ctenolabrus rupestris)*: Die kleine, nur etwa 18 cm lange Art kommt bei Rügen nicht selten vor.

Tobiasfisch *(Ammodytes tobianus)*: Der „Sandaal" ist ein sehr wichtiger Nahrungsfisch, sowohl für räuberisch lebende Fischarten, als auch für viele Seevögel. Die Tobiasfische bevorzugen das Flachwasser, wo sie sich zum Schutz oder in der Nacht in den Sand eingraben.

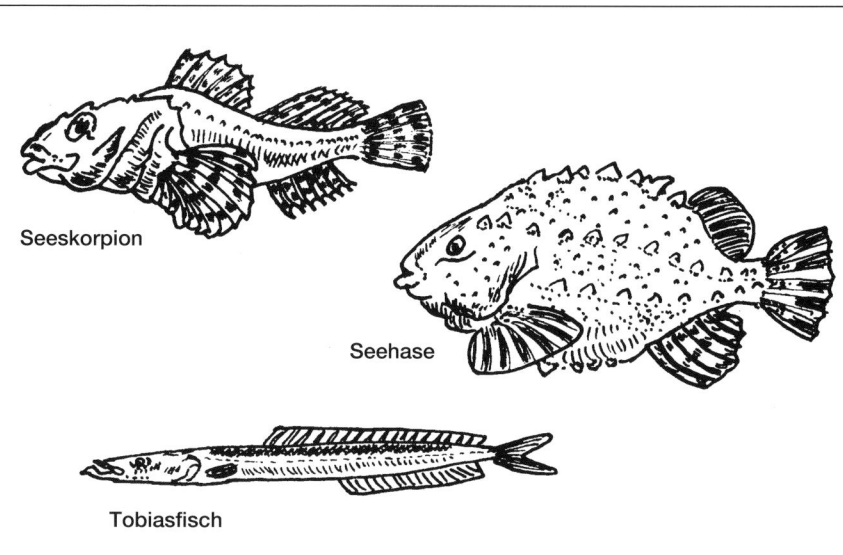

Seeskorpion

Seehase

Tobiasfisch

Aalmutter

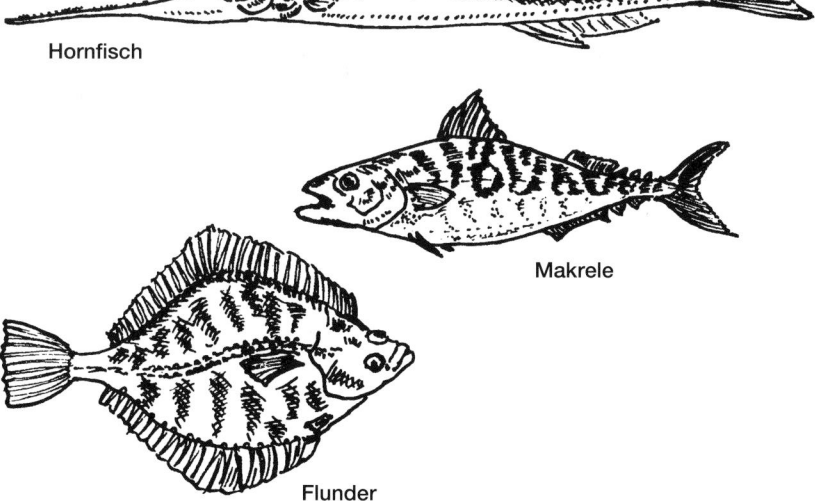

Hornfisch

Makrele

Flunder

Kleine Schlangennadel *(Syngnathus rostellatus)*: Diese interessanten und bizarr gestalteten Fische werden etwa 25 cm lang. Die Weibchen tragen zur Laichzeit einen blauen Streifen am Bauch. Die Art ist bei Rügen häufig.

Grasnadel *(Syngnathus typhle)*: Diese ebenfalls sehr langgestreckte Art ist etwas

Scholle *(Pleuronectes platessa)*: Wird bei Rügen nicht allzu groß (30–40 cm). Besonders an der freien Küste.

Flunder *(Platichthys flesus)*: Häufigster Plattfisch der rügenschen Gewässer. Wandert auch in die Bodden ein.

Natürlich ist die Palette der in der Ostsee und den Boddengewässern Rügens und

Seestichling

größer als die Schlangennadel. Besonderes Kennzeichen ist die seitlich zusammengedrückte Mundröhre. Auch diese Art ist nicht selten.

Seehase *(Cyclopterus lumpus)*: Dem „Lump" unter Wasser beim Bewachen des Laichballens zu begegnen, ist der Wunsch jeden Tauchers. Die 100 Tausend Eier werden in Klumpen an Steinen oder zwischen Pflanzen abgelegt und vom Männchen intensiv bewacht. Die Art kommt z. B. an der Westküste Hiddensees vor.

Steinbutt *(Scophthalmus maximus)*: Der Steinbutt ist eine in den Rügenschen Gewässern besonders gern gefangene Art, da sie sehr schmackhaft ist.

Hiddensees vorhandenen Fischarten weit bunter. Die Auswahl der genannten, interessanten Arten soll dazu anregen, sich näher mit der Welt unter Wasser zu befassen. Dazu reichen oft schon Taucherbrille, Schnorchel und Flossen, um bei ruhiger See, z. B. an der Westküste Hiddensees, schöne Beobachtungen zu machen. Wenig bekannt ist das Fischartenspektrum der rügenschen Binnengewässer, die teilweise noch untersucht werden müssen.

Gänse

Neben den Kranichen bestimmen die Scharen der nordischen Gänse zu den Zugzeiten im März / April und September / Oktober das Vogelzuggeschehen auf der Insel Rügen. Folgende Arten sind auf Rügen und Hiddensee anzutreffen:

1. Graugans *(Anser anser)*
Die einzige „graue Gans", die bei uns brütet. Auch auf Rügen besitzt diese Art einige Brutplätze. Ab Juli kommt es zu Zusammenschlüssen, so daß besonders im südwestlichen und westlichen Teil der Insel beträchtliche Schwärme zusammenkommen. Auch auf dem Hiddenseer Bessin halten sich dann einige Tausend Graugänse auf. Das helle Gefieder und der Schnabel ohne Schwarz kennzeichnen diese ziemlich große Gans.

2. Saatgans *(Anser fabalis)*
Kopf und Hals dieser Gans sind deutlich dunkler als die der Graugans. Der Schnabel trägt dunkle Abzeichen in verschieden großer Ausdehnung.
Die Saatgans zieht in deutlich geringeren Zahlen durch als die Bleßgans. Meistens sind die großen Schwärme der nordischen Gänse auf Rügen Mischschwärme von Bleß- und Saatgänsen. Manchmal treten aber auch reine Saatganstrupps auf. Besonders gern halten sich die Saat- und Bleßgänse auf den Äckern und Wiesen westlich von Bergen, auf Ummanz und der Halbinsel Wittow auf.

3. Kurzschnabelgans *(Anser brachyrhynchus)*
Diese der Saatgans sehr ähnliche Art wird

Graugans

Saatgans

sicher oft übersehen, da sie nur in relativer Nähe und guten Lichtverhältnissen gut bestimmt werden kann. Die Art ist kleiner als die Saatgans. Der Schnabel ist rötlich und deutlich kürzer als der der Saatgans. Die Füße sind nicht gelb, sondern fleischfarben. Kurzschnabelgänse ziehen regelmäßig auf Rügen durch.

4. Bleßgans *(Anser albifrons)*
Die Bleßgans ist die häufigste auf Rügen durchziehende graue Gans. Sie ist schnell an der hellen Stimme, der schwarzen Bauchfleckung und der charakteristischen weißen Stirnblesse zu erkennen. Besonders eindrucksvoll ist der Gänsezug auf Rügen in den Monaten September bis November zu erleben, wenn sich viele Tausend Gänse auf den Feldern aufhalten oder in der Abenddämmerung dem Schlafplatz zufliegen. Gerade letzteres ist ein Naturerlebnis, das kein Naturfreund missen möchte.

5. Zwerggans *(Anser erythropus)*
Die Zwerggans ist ein seltener Gast auf Rügen und Hiddensee. Sie ist deutlich kleiner als die anderen grauen Gänsearten, trägt eine ausgedehnte Stirnblesse und besitzt einen gelben Augenring.

6. Kanadagans *(Branta canadensis)*
Die Gewässer zwischen Hiddensee und Rügen sind in den letzten Jahrzehnten bevorzugter Rastplatz einer eingebürgerten Gänseart geworden, der Kanadagans. Die Art wurde in der ersten Hälfte des Jahrhunderts in Skandinavien ausgewildert und erobert langsam aber sicher auch die deutsche Ostseeküste.
Die Bestände steigen, und Flüge von einigen Hundert dieser Vögel sind auf den Äkkern Westrügens inzwischen keine Seltenheit mehr.
Die Art ist leicht an der beachtlichen Größe

und dem weißen Wangenfleck zu erkennen.

7. Weißwangengans *(Branta leucopsis)*
Auch die Weißwangengans hat ähnlich wie die Kanadagans weiße Bereiche am Kopf, doch sind diese viel ausgeprägter. Brust und Hals sind schwarz. Die Gans ist kleiner als die Kanadagans.
Weißwangengänse sind in relativ geringer Zahl Durchzügler und Wintergast auf West- und Nordrügen.

8. Ringelgans *(Branta bernicla)*
Auch diese Art ist ähnlich wie die Vorhergenannte auf Rügen längst nicht so häufig wie diese Arten an der Nordseeküste sind.
Im April und Oktober / November sieht man kleine Trupps dieser Gans noch am ehsten auf Rügen oder Hiddensee.

9. Brandgans *(Tadorna tadorna)*
Die bunt gefärbte Brandgans ist nicht seltener Brutvogel, insbesondere der Seevogelschutzgebiete von Rügen und Hiddensee. Auch Nichtbrüter halten sich manchmal in größeren Trupps an den verschiedensten Gewässern auf, so daß der Vogelbeobachter ziemlich sicher mit dieser Art auf Rügen rechnen kann.
Wer viel Glück hat, kann eventuell auch noch einige andere Gänsearten - meist Gefangenschaftsflüchtlinge oder Irrgäste auf den Inseln erleben.
Verfasser sah z. B. im September 1982 auf dem Bessin eine Nilgans zwischen Hunderten Graugänsen. Weitere Arten wären Rothalsgans, Schneegans, Rostgans oder Streifengans.

Seite 35:
1 Bleßgans
2 Brandgans
3 Kanadagans
4 Nonnengans

1

2

3

4

Graugänse auf der Halbinsel Bessin; im Hintergrund das Hochland von Hiddensee mit dem Leuchturm

Geographie und Geologie

Rügen ist mit 926,4 Quadratkilometern die größte deutsche Insel, vor der Ostseeküste Vorpommerns (Bundesland Mecklenburg-Vorpommern) gelegen. Vom Festland durch den Strelasund und dem Greifswalder Bodden getrennt; mit der Hansestadt Stralsund durch den „Rügendamm" verbunden. Kreisstadt ist Bergen.

Rügen ist weitgehend eiszeitlich geprägt und überformt. Die Inselkerne bestehen aus pleistozänen Ablagerungen und aus älteren Gesteinen. Die Kreide wurde vor rund 80 Millionen Jahren gebildet. Die alten Inselkerne wurden in neuerer Zeit (Holozän) durch Nehrungen und Haken miteinander verbunden, so daß schließlich die starke Zerlappung der Insel entstand. Eiszeitliche Endmoränen bildeten im Rugard, auf Mönchgut und in den Granitzbergen hohe Wälle.

Wichtigste Halbinseln sind Wittow im Norden, Jasmund im Nordosten, Granitz und Mönchgut im Osten, Zudar im Süden. Westlich von Rügen liegen die Inseln Ummanz und Hiddensee. Auf Jasmund liegt mit 161 m die höchste Erhebung der Insel (Piekberg). Der berühmte Königstuhl an der Kreideküste erreicht immerhin 119 m.

In die rügensche Kreide sind Feuersteinbänke eingelagert. Besonders auf der Schmalen Heide südlich von Saßnitz, aber auch auf der Schaabe kommen sie wallartig aufgetürmt vor - wahrscheinlich Resultat von großen Sturmfluten.

Wälder sind insbesondere im Ostteil der Insel, der Stubnitz und der Granitz sowie als Kiefernheiden ausgebildet, auf der Schmalen Heide, der Schaabe und der Baaber Heide zu finden. Im Zentrum der Insel und dem Westteil dominiert die landwirtschaftliche Nutzung.

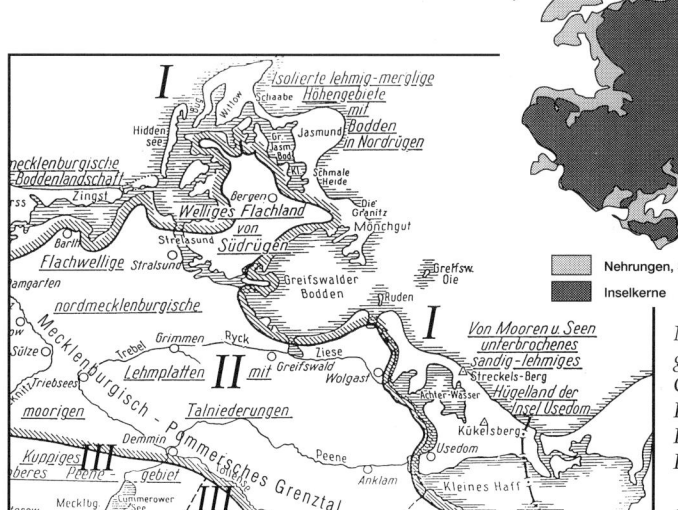

Nehrungen, Sandanschwemmungen

Inselkerne

Naturbedingte Landschafts-
gliederung Vorpommerns
Großlandschaften:
I.   Küstengebiet
II. nordöstliches Flachland
III. Rückland der Seenplatte

aus: HURTIG (1957)

Granitz

Die „Granitz" ist Bestandteil des „Biosphärenreservates Südost-Rügen". Es handelt sich um ein 1130 ha großes Waldgebiet auf hügeligem Hochland nahe der bekannten Badeorte Binz und Sellin. Vom inmitten dieser Wälder gelegenen Jagdschloß bietet sich ein phantastischer Blick über die Waldungen bis zum Meer. Große Teile des Biosphärenreservates breiten sich vom Aussichtsturm vor dem Betrachter aus. Besonders empfehlenswert: ein Besuch im Herbst, wenn der Oktober unzählige Farben in die Laubwaldungen trägt, oder auch im Mai, wenn helles Grün in unglaublich vielen Abstufungen die bis dahin graue und braune Landschaft verändert.

Der Granitzwald bietet sich für ausgedehnte Spaziergänge an. Wunderschöne, urige Waldbilder bieten sich dem Wanderer. Besonders an der Küste ist dem Wirken des Meeres freie Hand gelassen und die Findlinge des steinigen Strandes mischen sich mit dem Wirrwarr der dem Meere zum Opfer gefallenen Bäume. Inmitten der Wälder finden sich Moore, die botanische Kostbarkeiten wie Sumpfporst, Schmalblättriges Wollgras, Moosbeere und der Rundblättrige Sonnentau, eine „fleischfressende Pflanze", beherbergen.

Halbinsel „Groß-Zicker"(Mönchgut) gelegen. Dieses Reservat ist wohl eines der wertvollsten Bestandteile des Biosphärenreservates. Hier finden sich Steilküsten und vermoorte Nehrungen, Sandstrände und Blockstrände mit großen Findlingen, Schafhutungen und Küstenwälder...

Mondrautenfarn, Prachtnelke, Breitblättriges Knabenkraut, Natternzunge, Wiesenkuhschelle, Elsbeere, Strandaster, Breitblättriger Sitter und Leberblümchen sind einige der botanischen Kostbarkeiten, die in dieser willkürlichen Reihung auch eine Ahnung von der Vielzahl der unterschiedlichsten Lebensräume geben.

Vielerorts sind die formenden Kräfte der Naturgewalten hautnah zu erleben. An den Kliffrändern bilden Sandauswehungen malerische Kontraste zu dem Grün der auf der Hochfläche sich anschließenden Weiden. Dem bewegten Relief, den Hügeln und Tälern des Zickerschen Höft ist die Kraft der formenden Eismassen, die diese Landschaft prägten, anzusehen. Der wirtschaftende Mensch vermochte es - zumindest hier - nicht, Weite und Schönheit, Erhabenheit und Rauhheit dieser Landschaft am Meer zu zerstören, auch wenn er sie auf weiten Strecken nutzte, veränderte und gefährdete.

Groß-Zicker (NSG Zickersche Höft)

Reich an bemerkenswerten, teilweise in der Bundesrepublik gefährdeten, Pflanzenarten und nicht weniger bemerkenswert wegen der Ästhetik der Landschaft ist das Naturschutzgebiet „Zickersche Höft", auf der

Seite 39:
oben:
Extensive Schafhutung ist die Voraussetzung für die Erhaltung der typischen, reizvollen Landschaft auf Groß-Zicker
unten:
Steilküste von Groß-Zicker mit Großgeschiebe

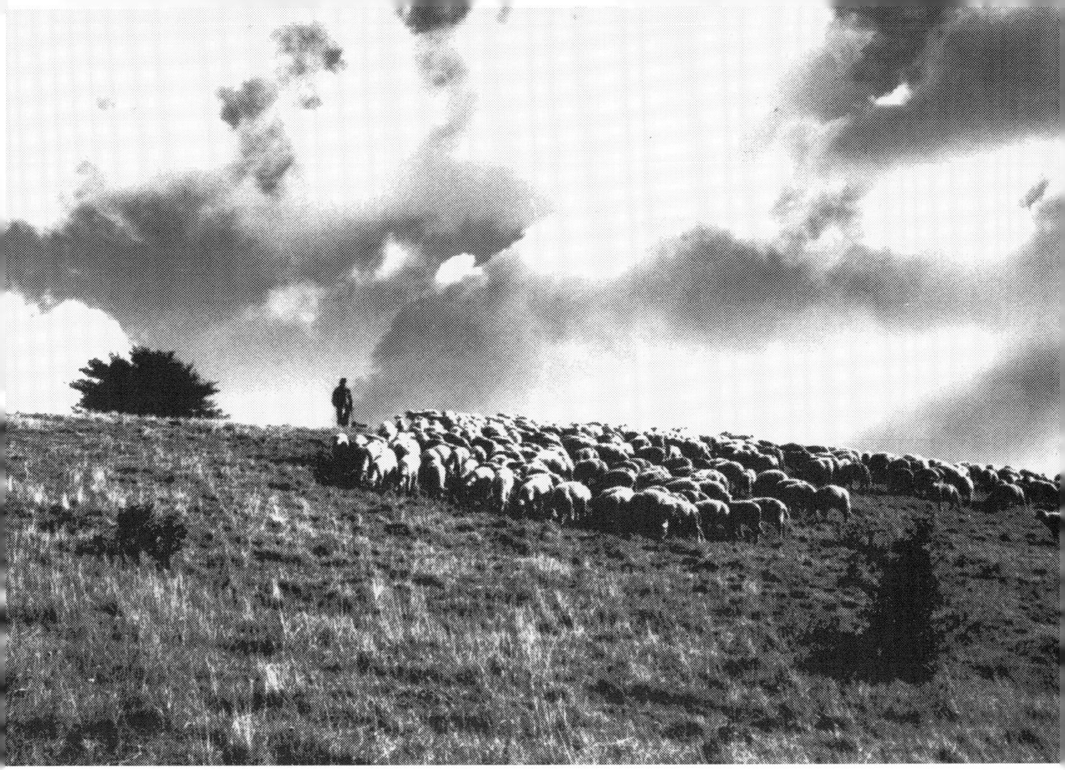
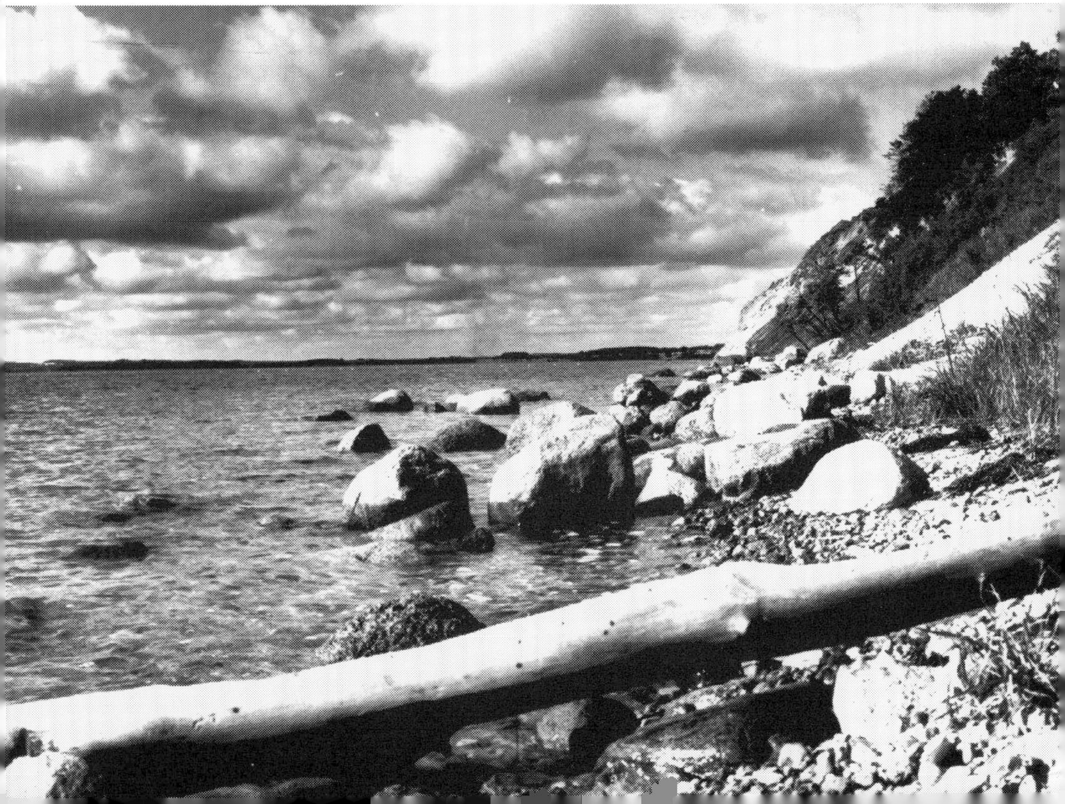

Heuwiese und Freesenort (NSG)

An der Südspitze der Insel Ummanz (West-rügen) liegt die wohl bedeutenste Vogel-insel der Rügenschen Gewässer, die 16 ha große Heuwiese. Zusammen mit den Flach-wassergebieten um die Insel und mit der Südspitze von Ummanz (Freesenort) wur-de die Insel 1967 mit 250 ha zum Natur-schutzgebiet „Vogelinsel Heuwiese und Freesenort" erklärt. Als Vogelinsel betreut wurde die Heuwiese schon länger, und die erste Unterschutzstellung erfolgte bereits 1939, doch waren die Störungen, vor allem durch Eierraub, stets groß.

Auf der Heuwiese stellten sich immer wieder seltene Brutvogelarten ein. Sogar zu Steinwälzerbruten kam es hier. Die Brand-seeschwalbe brütete lange Jahre in kopf-starken Kolonien, Schwarzkopfmöwen stell-ten sich sporadisch ein und unregelmäßig brütet nur hier an der deutschen Ostsee-küste die Raubseeschwalbe. 1968 und 1974 konnten Bruten der Pfeifente nachgewiesen werden.

Gegenwärtig machen die Ansiedlungen von Kormoranen als Bodenbrüter auf der Heu-wiese Sorgen, da die Kormorane andere Seevogelarten von der Insel verdrängen und es zu einer starken Beeinflussung der Vege-tation kommt. Das Naturschutzgebiet darf nicht betreten werden, und es ist sehr wich-tig, daß das Anlegen mit Wasserfahrzeugen unbedingt unterlassen wird.

Brutvögel Heuwiese 1957 (nach DOST, 1959):

Name	Anzahl
Stockente	4
Krickente	5
Knäkente	1
Löffelente	7
Mittelsäger	25–30
Kiebitz	6
Sandregenpfeifer	4
Alpenstrandläufer	2
Kampfläufer	1
Rotschenkel	6
Austernfischer	7
Brandseeschwalbe	27
Flußseeschwalbe	160–180
Küstenseeschwalbe	?
Zwergseeschwalbe	25
Silbermöwe	13
Sturmmöwe	152
Lachmöwe	110
Feldlerche	1

Brutvögel Heuwiese und Liebitz 1986–1990 (nach RUTSCHKE), 1991):

Name	Anzahl
Höckerschwan	125
Graugans	4–6
Brandgans	45
Schnatterente	40–60
Krickente	einige
Stockente	ca. 200
Spießente	1–5
Löffelente	10–20
Reiherente	40–45
Mittelsäger	80–90
Austernfischer	ca. 30
Sandregenpfeifer	3–5
Rotschenkel	ca. 20
Säbelschnäbler	10–20
Silbermöwe	bis 250
Sturmmöwe	ca. 1000
Lachmöwe	5000–10000
Schwarzkopfmöwe	1–3
Brandseeschwalbe	700–1000

Seite 41:
Die Insel Heuwiese

Hiddensee

Die 16,5 km lange und bis zu 3,75 km breite Insel liegt westlich von Rügen und ist, bis auf die Ortslagen, Bestandteil des Nationalparks „Vorpommersche Boddenlandschaft". Trotz des im Sommer sehr starken Andranges an Urlaubern, besonders an Tagesbesuchern (bis zu 300000 jährlich) ist ein Besuch der Insel auch für Naturfreunde immer noch lohnenswert. Im Norden der Insel ist der Inselkern, der „Dornbusch" mit seiner malerischen Steilküste und den sich im Osten anschließenden schmalen Nehrungen, dem alten und neuen „Bessin" nicht nur einen Ausflug wert. Im mittleren Teil, zwischen Vitte und Neuendorf, begei-

stert die Dünenheide mit ausgedehnten Heidekrautbeständen den Besucher besonders zur Heideblüte im August, und der Südteil der Insel bietet als ausgedehntes Dünengebiet teilweise noch beschauliche Ruhe.

Doch „heile Naturwelt" ist auch Hiddensee nicht mehr, und es ist schon in höchstem Maße betrüblich zu sehen, was in den vergangenen 30 Jahren (Verfasser war 1967 zehn Monate lang auf Hiddensee tätig) an Natur dem Urlauberbetrieb und der Landwirtschaft, die selbst auf dieser kostbaren Insel intensivst betrieben war, geopfert wurde. Hiddensee hat Tradition in der naturkundlichen Forschung, insbesondere der Erforschung des Vogelzuges. Eine Vogel-

Insel Hiddensee - Blick von Süden über die ganze Insel

warte befindet sich nördlich von Kloster. Von hier aus wurde die wissenschaftliche Vogelberingung in der ehemaligen DDR organisiert und entsprechende Rückmeldungen ausgewertet.

Auch vor der Einbeziehung in den Nationalpark besaßen große Teile der Insel (gänzlich Landschaftsschutzgebiet) den Status von Naturschutzgebieten, die im Folgenden kurz beschrieben werden sollen.

1. NSG „Dünenheide"

Der Mittelteil der Insel zwischen den Ortschaften Vitte und dem Gehöft „Heiderose" bildete sich im wesentlichen aus Sandstrandwällen, die von Dünen und Flugsanddecken überlagert wurden. Die bewegte Dünen-landschaft besitzt tiefe Ausblasungsmulden und hohe Dünenrücken.

Hier im Dünengebiet bildete sich eine Zwergstrauchheide, deren wichtigster Bestandteil die Besenheide (Calluna vulgaris) ist. Weitere wichtige Zwergsträucher hier sind die Krähenbeere (Empetrum nigrum) und die Kriechweide (Salix repens).

Neben diesen drei Holzgewächsen sind insbesondere noch Sandsegge und Doldiges Habichtskraut sowie einige Moos- und Flechtenarten die wichtigsten Bestandsbildner der Dünenzwergstrauchheide.

In den grundwassernahen, tiefen Mulden, die der Wind verursacht hat, können sich auch seltene Pflanzenarten ansiedeln, wie der Rundblättrige Sonnentau (Drosera

NSG Dünenheide auf Hiddensee

Seite 44/45:
Blick über das Hochland von Hiddensee zum Bessin

rotundifolia). Hier bilden sich schließlich Bestände der Glockenheide (Erica tetralix), die ab Anfang Juni ihre rosa Blüten entfalten. Als markanter Gehölzpionier muß der Wacholder (Juniperus communis) genannt werden, der sich in einigen Bereichen ausbreitet.

Zu den einzelnen Strandwällen gehören verschiedenartige Heidemoore und Heidesümpfe. Im östlichen Teil sind Salzwiesen mit Wasserlöchern und Röhrichten ausgebildet.

Hier finden sich Bestände der Sumpfsimse (Eleocharis palustris) und als besonders bemerkenswerte Arten das Braune Schnabelried (Rhynchospora fusca) und die Vielstenglige Sumpfsimse (Eleocharis multicaulis).

Eine besonders interessante Art der Heidetümpel: der Übersehene Wasserschlauch, (Utricularia neglecta), eine insektenfangende, wurzellose Wasserpflanze.

Auf den Weißdünenwällen sind Stranddistel (Eryngium maritimum) und Meerstrandplatterbse (Lathyrus maritimus) zu finden. Noch seltener ist der Meerkohl (Crambe maritima). Interessante Pflanzen des Salzgrünlandes sind z. B. Meerstranddreizack (Triglochin maritima), Salzbinse (Juncus gerardii), Milchkraut (Glaux maritima), Meerstrandwegerich (Plantago maritima) und die Meerstrandbinse (Juncus maritima). Besonders attraktive Pflanzen dieser Wiesen: Salzaster (Aster tripolium) und Wiesenalant (Inula britannica).

Groß ist die Zahl der bisher in der Dünenheide festgestellten Kleintierarten, die hier natürlich nicht genannt werden können.

Allein an z. B. Blattwespenarten wurden bereits über 30 Arten hier nachgewiesen. Eine seltene Schmetterlingsart, der Große Eisvogel (Limentis populi), deren Raupe an Zitterpappeln gebunden ist, kommt im Gebiet der Heide vor.

Neben verschiedenen Lurcharten, wie Kammolch und Laubfrosch, kommen auch Reptilien, wie Waldeidechse und Ringelnatter vor. Ein beträchtlicher Bestand ist von der Kreuzotter (Vipera berus) vorhanden, so daß es nicht empfehlenswert ist, ohne Schuhe durch das Heidekraut zu gehen.

Bemerkenswerte Brutvogelarten der Dünenheide sind Brachpieper und Steinschmätzer. Zu den Zugzeiten sind eine große Zahl von nordischen Durchzüglern zu beobachten. Sumpfohreule und Spornammer, Goldregenpfeifer und Brachvögel halten sich dann hier auf.

2. Naturschutzgebiet „Gellen und Gänsewerder"

Der Südteil der Insel Hiddensee mit der kleinen, östlich vorgelagerten Insel Gänsewerder bilden zusammen mit dem ausgedehnten Flachwassergebiet des Geller Hakens ein 213 ha großes Reservat, das nicht betretbar ist und deswegen hier nur kurz erwähnt werden soll. Schutzziel ist die Erhaltung des wenig vom Menschen beeinflußten Dünensystems mit Heide- und Salzvegetation. Daneben ist das Gebiet wichtig als Brut- und Zugrastgebiet für Schnepfenvögel, Möwenarten und Entenvögel.

3. NSG „Fährinsel"

Auch dieses Reservat ist durch Touristen nicht betretbar, da es im wesentlichen dem

Schutz von brütenden Küstenvogelarten vorbehalten ist. Die 93,5 ha große Insel ist von Wacholderheide, Trockenrasen und Salzvegetation geprägt. Besonders wichtig ist der große Bestand an Mittelsägerbrutpaaren.

Daneben sind Hunderte Sturmmöwenbrutpaare, Flußseeschwalben, Silbermöwen und einige Austernfischer, Brandgänse, Rotschenkel und einige andere Arten vorhanden.

4. NSG „Dornbusch und Bessin"

Dieses attraktive Naturschutzgebiet im nördlichen Teil der Insel Hiddensee ist für den Tourismus besonders wichtig, denn es ist von hohem landschaftlich-ästhetischem Reiz und besitzt eine vielfältige Naturausstattung. Ein kleiner Teil des Reservates, das Südende des Neubessin ist allerdings aus Gründen des Seevogelschutzes gesperrt, alle anderen Gebiete (außer die unmittelbare Steilküste) sind für Besucher frei zugänglich.

Besonders eindrucksvoll die Steilküste des Dornbusches: am Swanti-Berg befindet sich mit immerhin 72 m Höhe der höchste Steiluferabschnitt der deutschen Ostseeküste außerhalb der Kreideküste von Jasmund.

Eine Wanderung von Kloster in Richtung Enddorn entlang der Küste läßt Einblicke in den Bau einer jungeiszeitlichen Stauchendmoräne zu, zeigt mannigfaltige Phasen aktueller Küstenverschiebungen und Formenveränderungen und bietet einen formenreichen Geröllstrand mit vielen Findlingen.

Am Kliff-Fuß östlich der Swantewit-Schlucht findet sich mit 12 Kubikmetern der größte Findling Hiddensees.

Nach einem Aufstieg auf das Hochland hat

man vom Swanti-Berg einen phantastischen Blick in Richtung Westen zu den Neulandbildungen des alten und neuen Bessin, die ebenfalls zum Naturschutzgebiet gehören. Noch zur Zeit der Schutzerklärung des Gebietes Mitte der dreißiger Jahre war vom Neubessin wenig vorhanden. Inzwischen ist diese Neulandbildung so weit fortgeschritten, daß die beiden Bessin-Teile gleich lang geworden sind.

Hier auf dem Schwemmland des Bessin ist die Besitzergreifung der Pflanzenarten von den neu gebildeten Inselteilen besonders gut zu beobachten. Queller (Salicornia europaea) und Graugrüner Gänsefuß (Chenopodium glaucum) siedeln sich zuerst an. Danach entstehen Salzröhrichte oder auch Salzwiesen. Dort, wo sich Primärdünen gebildet haben, sind die ersten Besiedler Krauser Ampfer (Rumex crispus) und der Meersenf (Cakile maritima). Die Ansiedlung weiterer Arten wie Salzmiere (Honckenya peploides), Strandquecke (Agropyron junceum) und Kalisalzkraut (Salsola kali) fördern die Sandanhäufung, so daß die Dünen immer höher werden und schließlich vom Strandhafer (Ammophila arenaria) besiedelt werden.

Botanisch interessant ist auch der kleine Wald auf dem westlichen Hochlandteil. Neben Eichen- und Rotbuchenbeständen sind vor allem Kiefernpflanzungen dominierend, die von sehr schönen Weißdorn- und Haselgebüschen aufgelockert werden. Hier kommt auch die Schwedische Mehlbeere (Sorbus intermedia) vor.

An den Steilhängen hat sich ein undurchdringliches Gestrüpp von Heckenkirschen und Alpenjohannisbeeren (Ribes alpinum) gebildet.

Mit etwas Glück sind im Dornbuschwald

NSG „Fährinsel"

auch zwei Orchideenarten zu finden - der Breitblättrige Sitter und das Netzblatt.

Auf dem waldfreien Hochland und zum Bessin hin prägen teilweise ausgedehnte Bestände des Sanddorns (Hippophae rhamnoides) das Bild. Daneben sind Wildrosen anzutreffen, wie die Weinrose (Rosa rubiginosa), die Hundsrose (Rosa canina) und die Filzrose (Rosa tomentosa).

Die noch vor 20 Jahren vorhandenen großen Bestände des Besenginsters, die zur Blütezeit im Juli das Hochland gelb färbten, sind heute nicht mehr vorhanden. Selten sind einige Büsche des Stechginsters (Ulex europaeus) anzutreffen.

Der Vogelfreund unter den Besuchern von Hiddensee wird sich sicher vor allem für die Seevogelarten der Insel interessieren. Ihm ist ein Besuch besonders auch im Winterhalbjahr anzuraten, wenn sich an der Steilküste seltene Wintergäste einstellen. Die Liste der ornithologischen Seltenheiten, die zu den Zugzeiten auf Hiddensee beobachtet wurden, ist lang, und dieser, für den Vogelzug exponierte Ort, ist noch am ehsten mit der Insel Helgoland zu vergleichen.

Im Sommerhalbjahr lohnt sich ein Spaziergang auf dem Alten Bessin. Von hier aus sind Ausblicke auf die Neulandbildungen des Neuen Bessin (gesperrtes Gebiet!) möglich, mit teilweise beträchtlichen Scharen von Schnepfenvögeln, Enten und Gänsen. Auch der Seeadler steht hin und wieder auf den Sandbänken vor der Küstenlinie.

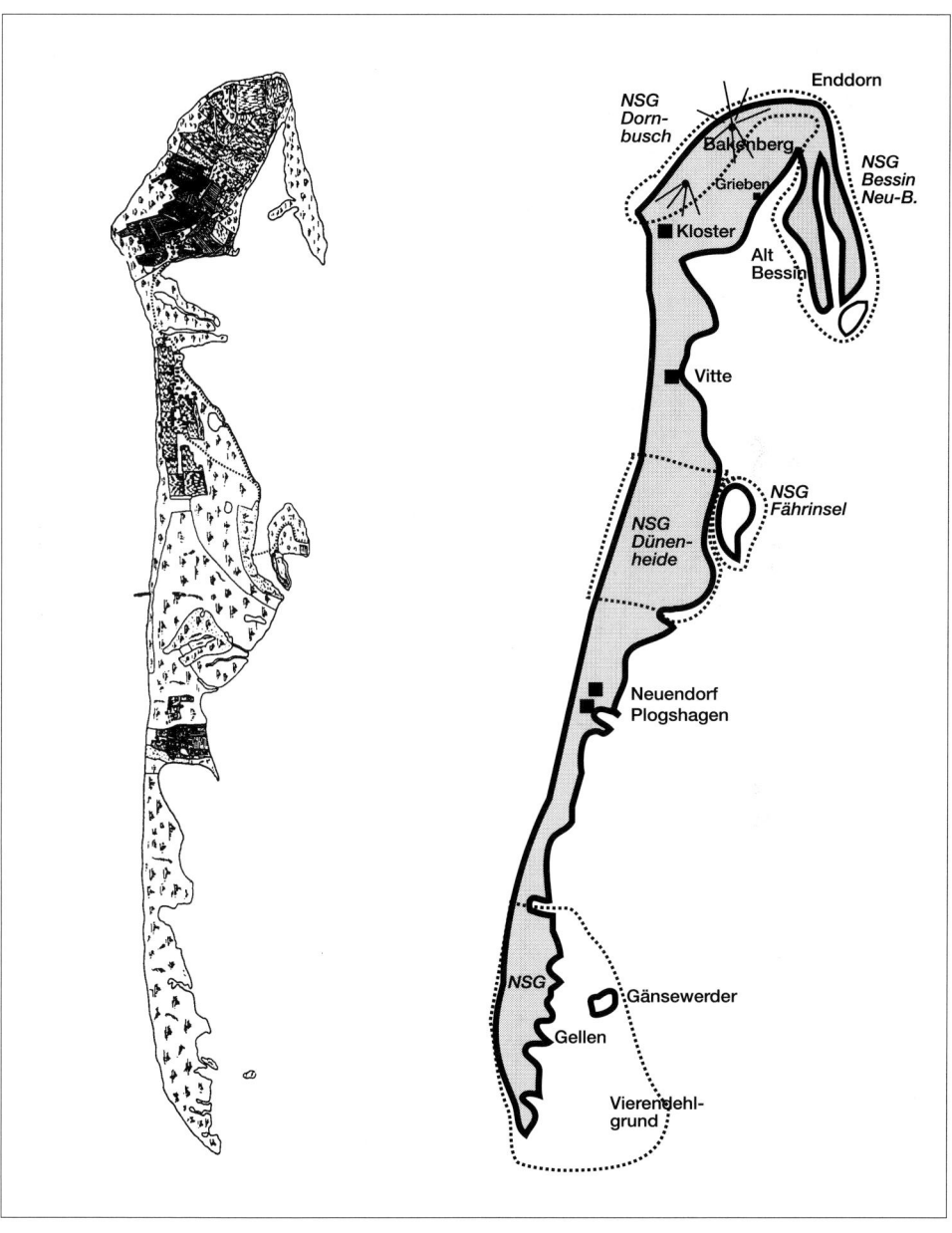

Hiddensee-Karte
von MAYER
aus dem Jahre 1751

Hiddensees Schutzgebiete;
außerhalb der Ortslagen ist die Insel Bestandteil des
Nationalparkes Vorpommersche Boddenlandschaft

Dornbusch-Steilküste (Hiddensee)

Der Neue Bessin ist mit seinen großen vegetationsfreien Geröllfeldern besonders wichtig als Brutgebiet einiger Küstenvogelarten, die nur noch hier, wo die Strände noch nicht von den Heerscharen an Badelustigen und Spaziergängern mit Beschlag belegt worden, die nötige Ruhe zum Brüten finden.

Es sind besonders Sandregenpfeifer und Zwergseeschwalbe, die hier eine beachtliche Brutpopulation haben. Sporadisch brüteten auch schon Brandseeschwalbe, Fluß-seeschwalbe und Säbelschnäbler hier. Auch einzelne Paare von Mittelsäger, Brandgans und Austernfischer kommen vor. Nach langen Jahren der Abwesenheit als Brutvogel von Hiddensee wurde auch der Seeregenpfeifer wieder brütend nachgewiesen. Charaktervogel der großen Sanddornbestände ist der Sprosser, der auf dem Bessin eine hohe Siedlungsdichte erreicht. Am Steilufer des Dornbusches gibt es einige beachtlich große Kolonien der Uferschwalbe.

Prof. Schildmacher, der von 1949 bis 1972

Leiter der Vogelwarte Hiddensee war und
1976 verstarb, nannte 255 Vogelarten für die
lnsel - der größte Teil der Arten allerdings
Durchzügler und Wintergäste.

Von den Säugetieren muß zumindest das
Wildkaninchen genannt werden, denn ihm
begegnet der Wanderer auf dem Hochland
allenthalben. Erst 1924 auf der Fährinsel aus
jagdlichen Gründen ausgesetzt, entwickel-
ten sie sich explosionsartig und richten bis
heute an der Vegetation beträchtliche Schäden an.

Robben werden nur sehr selten vor der Küste Hiddensees beobachtet.

Schnatterente - 5 Stunden alt

Jagdschloß Granitz

Gut markierte Wanderwege führen von Binz
und Sellin zu dem auf dem Tempelberg
gelegenen Jagdschloß Granitz. Von dem
45 m hohen Aussichtsturm des Schlosses
hat man bei klarem Wetter einen
unvergeßlichen Blick auf weite Teile Rügens.
Sehenswert die gußeiserne Treppe, die als
Wendeltreppe mit 154 Stufen gearbeitet ist
und schöne Ornamente zeigt. Einige
Museumsräume zeigen Jagdgemälde und
Trophäen.

recht:
Jagdschloß Granitz

unten:
Blick vom Jagdschloß nach Südosten

Königstuhl

Von den Naturattraktionen Rügens ist der Königstuhl, mit 119 m die vierthöchste Erhebung der Insel Rügen, ohne Zweifel das meistbesuchteste Ziel auf der Insel. Der Kreidefelsen trägt eine Plattform, deren Betreten für Besucher kostenpflichtig ist. Von hier aus bietet sich ein schöner Blick auf Teile der Kreide-Steilküste.

Doch weit imposanter bietet sich der gewaltige Kreidepfeiler vom Geröllstrand aus dar. Ein gut ausgebauter Pfad führt südöstlich des Königstuhles nach unten.

Links und rechts des Weges sind im April und Anfang Mai eine ganze Reihe kalkliebender Frühlingsblüher zu bewundern, z. B. die Hohe Primel und Leberblümchen. Anfang Juni blühen hier verschiedene Orchideenarten. Am Geröllstrand ist in der Nähe des Königstuhls ein großer Findling, der Waschstein, zu sehen.

Der Königstuhl
(NP Jasmund)

Kormorankolonien

Die Kolonien der Kormorane gehören zu den wenigen Vogelkolonien, deren Besuch in solch einem Naturführer empfohlen werden kann, ohne daß dies negative Auswirkungen hätte.

Zwar nicht unmittelbar auf Rügen, aber am Strelasund, gegenüber der rügenschen Gestade, liegt das Naturschutzgebiet „Kormorankolonie Niederhof" (10 km vor Stralsund). Der ehemalige Gutspark bei Niederhof, etwa 2 km nordöstlich von Brandshagen, beherbergt seit 1954 eine große - damals in Deutschland die einzige - Kormorankolonie.

Ein hervorragend ausgebauter Wanderweg (der aber nicht verlassen werden darf) ermöglicht es, mitten durch das Zentrum der Kolonie hindurchzugehen. Es ist schon beeindruckend, die Vielzahl der Nester auf den bereits mehr oder weniger kahlen Bäumen (die ätzenden Exkremente der Vögel lassen die Bäume bald absterben) zu erleben. Am meisten lohnt sich ein Besuch dieses Gebietes im April oder Mai. Dann ist auch ein wunderschöner Blütenteppich im Gutspark zu bewundern. Faszinierend dann das rege Leben, die Vielfalt der Verhaltensweisen der balzenden, brütenden oder - ab Ende Mai - fütternden Kormorane. Quorren und Quarren, Kekkern und fast ziegenhaftes Meckern bilden die akustische Kulisse.

Ihre Reisignester bauen sich die Kormorane auf möglichst hohen Bäumen, und oft trägt dann solch ein Brutbaum zwanzig und mehr

Die Kormorane haben die Bäume weitgehend zum Absterben gebracht.

Kormoran-Kopula

Nester. Es waren Mitte der sechziger Jahre über 1000 Brutpaare, die innerhalb der Niederhofer Kolonie siedelten. Diese Zahl mußte aus wirtschaftlichen und anderen Gründen reduziert werden. Mitarbeiter der Vogelwarte Hiddensee und der damaligen Bezirksnaturschutzverwaltung Rostock legten Behandlungsrichtlinien fest und führten fachgerechte Reduzierungsmaßnahmen und wissenschaftliche Untersuchungen im Reservat

Kormoranenkolonie auf der Insel Tollow (Rügen)

durch. Heute sind es zwischen 300 und 500 Brutpaare, die in jedem Frühjahr aufs neue die Kolonie besiedeln.

In den achtziger Jahren haben sich, ausgehend von der Niederhofer Kolonie, einige weitere Kolonien auch im Binnenland und - eine besonders große und attraktive - auf der Insel Tollow in der Schoritzer Wiek gebildet. Letztere Kolonie ist sehr schön vom Ufer der Halbinsel Zudar bei Poppelvitz zu sehen und bietet ein wunderbares Motiv für Naturfotografen.

Als spezialisierter Fischfresser und somit Nahrungskonkurrent des Menschen wurde der Kormoran in der ersten Hälfte dieses Jahrhunderts stark verfolgt und verschwand von vielen ehemaligen Brutplätzen (auch auf Rügen). Durch intensive Schutzbestrebungen, besonders in den sechziger Jahren, hat der Kormoran nun einen stabilen Brutbestand auch in Deutschland.

Wer eine Bootsfahrt nach Hiddensee unternimmt, kann die „Seeraben", wie sie von Einheimischen auch genannt werden, auf

Reusenpfählen oft mit ausgebreiteten Flügeln sitzen sehen. Sie drehen die Schwingen zur Sonne, um sich das Gefieder zu trocknen, denn obwohl sie als Fischfänger gute Schwimmer und Taucher sind, ist ihr Gefieder nicht gegen Nässe geschützt und muß nach dem Fischzug getrocknet werden.

Das Gelege, meist aus 3 - 4 Eiern bestehend, findet sich oft schon Anfang April. Männchen und Weibchen lösen sich beim Brüten ab. Die Brutdauer beträgt 26 bis 28 Tage. Die Jungen werden mit vorverdautem Fisch gefüttert, wobei die Jungen den Kopf in den weit geöffneten Schnabel des Altvogels stekken, um das Futter hervorzuholen.

Nach rund acht Wochen sind die Jungen selbständig.

Die rügenschen Kormorane überwintern zum größten Teil im Mittelmeergebiet und kehren bereits im Februar oder spätestens Anfang März in die Brutheimat zurück.

Kranich

Nicht wenige Naturfreunde, insbesondere Tierfotografen, fahren im Frühjahr oder Herbst „nur" wegen der Kraniche auf die Insel Rügen. Die Naturschützer finden das weniger erfreulich - oft mit Recht - denn an manchen Tagen haben die rastenden Kraniche wenig Ruhe auf exponierten Flächen. Immer wieder werden sie bedrängt und sogar auf den Ackerflächen von allen Seiten mit Autos umkreist.

Solange es diese Kranichschwärme auf Rügen gibt, sollen naturverbundene Menschen sich natürlich auch an diesem eindrucksvollen Naturschauspiel freuen können. Doch man wird nicht umhin kommen, ähnlich wie am schwedischen Hornborga-See, Mittel und Möglichkeiten zu suchen, z. B. durch Futterplätze mit davorliegenden Beobachtungshütten, die Störungen in Grenzen zu halten ohne dabei die Naturbeobachter und Tierfotografen „auszusperren".

Keinesfalls sollten die Tiere aber an den Schlafplätzen gestört werden.

Der bekannte Schlafplatz Udarser Wiek, im Norden von Ummanz (NSG) hat in den letzten Jahren ohnehin an Bedeutung verloren, da die meisten Kraniche wegen vieler Störungen, ungünstiger Wasserstände u. ä. jetzt die Inseln östlich des Darß als Schlafplatz vorziehen.

In günstigen Jahren, bereits Ende Februar, meist aber erst Anfang März, kommen die ersten Kraniche von den Überwinterungsplätzen auf Rügen an. Bereits Anfang April sind dann in der Regel nur noch wenige Kraniche auf Rügen anzutreffen. Im Herbst lassen sich die Tiere mehr Zeit und rasten dann 3–5 Wochen auf der Insel, so daß zwischen Mitte September und Ende Oktober beträchtliche Scharen auf Rügen verweilen. Zu den „Spitzenzeiten" ist mit 15–20 Tausend durchziehenden Kranichen zwischen Bock und Rügen zu rechnen.

Als Brutvogel ist der Kranich auf Rügen weniger stark präsent. Nur im Nordteil Rügens brüten hin und wieder einige Paare. Der größte Teil der mecklenburg-vorpommerschen Brutpopulation konzentriert sich auf die Seengebiete um die Müritz, Neustrelitz (Kleinseenplatte) und die Schweriner Seen.

Hier brüten die großen Vögel besonders in stillen, abgelegenen, und feuchten Waldgebieten mit vielen vermoorten Senken und Waldgewässern.

Doch werden auch größere, vermoorte oder verschilfte Gewässer in der Feldlandschaft zur Brut genutzt, wobei aber wahrscheinlich der Bruterfolg der „Waldkraniche" höher ist.

Gefährliche Begegnung: Erregt drohen Kraniche einem Fuchs entgegen

Kreuzotter

Stellvertretend für die Lurche und Kriechtiere von Rügen und Hiddensee soll die Kreuzotter genannt werden.

Vipera berus, die Kreuzotter tritt in kopfstarken Populationen beispielsweise in der Hiddenseer Dünenheide zwischen Vitte und Neuendorf und auf Rügen insbesondere auf der Schaabe, in der Schmalen Heide und an einigen anderen Stellen auf. Es sollte daher nicht barfuß durch Heidekrautbestände gegangen werden.

Ansonsten ist die ganze Palette der pommerschen Herpetofauna auf Rügen zu finden. Eine Besonderheit ist das örtliche Auftreten der Glattnatter (Coronella austriaca).

rechts:
Glattnatter

unten:
Kreuzotter

Küstenformen

Die auf Rügen und Hiddensee lange Grenzfläche zwischen Land und Wasser - die Küste, kann auf den unterschiedlichen Abschnitten der Insel ganz verschieden aussehen. Flachküsten (Strand) wechseln mit mehr oder weniger hohen Steilküsten. Die Boddenufer wiederum haben eine ganz andere Struktur als die Flachküsten des offenen Meeres und sind oftmals mit Röhrichten gesäumt.

Die Zeichnung gibt in etwa die Unterschiede der Küstenformen wieder.

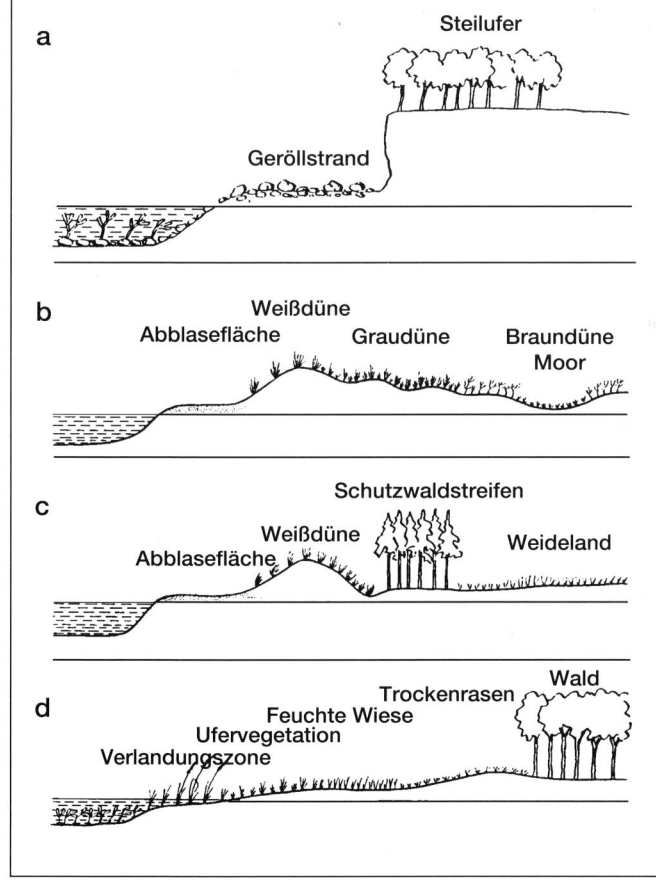

Küstenformen:
a) Steilküste
b) Flachküste
c) Flachküste mit angelegtem Schutzwaldstreifen
d) Boddenküste

nach LOBECK/ MEINCKE, 1966

Liebitz

Eine flache, 60 ha große Insel im Kubitzer Bodden steht seit 1967 als Vogelschutzgebiet unter Schutz.

1979 wurden weitere ca. 300 ha in das Schutzgebiet einbezogen, die vor allem aus Flachwasserbereichen bestehen, die wertvolle Rast- und Schlafgewässer z. B. für Kraniche darstellen.

Die stark gegliederten Salzwiesen der Insel und die Röhrichtbestände ermöglichen eine artenreiche Brutvogelwelt.

Mehr als 5000 Lachmöwen brüten hier. Fluß- und Zwergseeschwalbe sind nur sporadisch Brutvögel.

Durch Vegetationsveränderungen verschwanden in den letzten Jahren wertvolle Schnepfenvogelarten, wie Säbelschnäbler und Kampfläufer, die hier brüteten. Sicher sind durch entsprechende Pflege- und extensive Bewirtschaftungsmaßnahmen diese und weitere Arten wieder auf der Insel anzusiedeln.

Die Flachwasserzonen des Kubitzer Boddens sind wichtige Rastgewässer im Winterhalbjahr. Viele Enten-, Gänse- und Sägerarten stellen sich dann in großer Zahl hier ein.

Insel Liebitz

Meeresmuseum Stralsund

Auch wenn das Meeresmuseum nicht auf Rügen liegt - ein Besuch ist für naturinteressierte Rügenbesucher unbedingt anzuraten.

Der Zugang zur Insel ist ohnehin nur über die Stadt am Strelasund möglich, so daß eine kleine Fahrtunterbrechung auf dem Hin- oder Rückweg naheliegt.

Schon die Räumlichkeiten des Museums, das seit 1951 im Katharinenkloster an der Mönchstraße aufgebaut wurde, sind sehenswert und noch beeindruckender die Exponate, wie das 16 m lange Finnwalskelett, die Ausstellung zur Ostsee-Fischerei, ein naturgetreu nachgebildetes Korallenriff oder als Höhepunkt für die meisten Besucher - die Aquarien.

In 27 teilweise beachtlich großen Becken werden optisch sehr ansprechend Meeresbewohner vom Kabeljau und Stör bis zu Meeresschildkröten und phantastisch bunten Korallenfischen gezeigt.

Meeresmuseum Stralsund: Finnwalskelett

Meerkohl

Der Meerkohl, Crambe maritima, ist auf Rügen ein sehr seltener Kreuzblütler. Bestände sind auf Zudar und den Stränden der Halbinsel Wittow vorhanden.

Bis 80 cm hoch können die großen Pflanzen werden, deren rundliche Blätter weiß bereift sind.
Die kleinen Einzelblüten sind weiß und zu großen, ansehnlichen, rispigen Blütenständen vereint.

*blühender
Meerkohl*

Möwen

Rügen ist Möwenland. Außer in den Wäldern sind die weißen Küstenvögel überall präsent. Auf den Äckern folgen sie den Pflügen, auf dem Wasser den Schiffen - immer geht es um leicht zu erreichende Nahrung. Bei den Touristen sind diese Vögel beliebt - sie gehören ebenso zur Ostsee wie das Meeresrauschen, die Muscheln oder der weiße Sand.

Welche Möwenarten können auf Rügen und Hiddensee erwartet werden:

1. Lachmöwe *(Larus ridibundus):*
Die Lachmöwe ist eigentlich keine „Küstenmöwe", sondern hat auch große Brutkolonien im Binnenland. Trotzdem ist sie die häufigste Möwenart der Inseln und besiedelt in großer Zahl einige Seevogelinseln rund um Rügen. Sie ist zumindest im Sommerkleid leicht am braunen Kopf zu erkennen.

2. Sturmmöwe *(Larus canus):*
Diese Art ist nicht viel größer als die Lachmöwe, doch hat sie keine braune Kopfmaske. Auch die Sturmmöwe brütet in vielen Paaren auf den Seevogelinseln, besonders der Fährinsel und der Heuwiese.

3. Silbermöwe *(Larus argentatus):*
Erst seit den fünfziger Jahren ist die Silbermöwe Brutvogel auf Rügen. Seitdem hat diese große Möwe beständig zugenommen und richtet in den Seevogelreservaten unter den selteneren, schwächeren Arten beträchtlichen Schaden an. Sie wird daher in den Kolonien kurz gehalten. Die Art ist leicht kenntlich durch die beachtliche Größe und dem kräftigen, gelben Schnabel mit einem roten Fleck.

4. Heringsmöwe *(Larus fuscus):*
Erst seit den achtziger Jahren siedeln einzel-

ne Brutpaare auf kleinen Inseln im Greifswalder Bodden. Ansonsten ist diese große Möwe mit den schwarzen Flügeldecken regelmäßiger Gast auf Rügen und Hiddensee.

5. Mantelmöwe *(Larus marinus):*
Die Mantelmöwen sind den Heringsmöwen sehr ähnlich und sogar noch etwas größer. Auch diese räuberische Möwenart hat ihr Areal in den achtziger Jahren nach Süden ausgedehnt und brütet seitdem in einzelnen Paaren auf einigen Inseln wie der Heuwiese im Nationalpark „Vorpommersche Boddenlandschaft".

6. Schwarzkopfmöwe *(Larus melanocephalus):*
Als seltener Brutvogel der Ostseeküste ist die Schwarzkopfmöwe sehr sporadisch in einigen wenigen Paaren auch auf den Seevogelinseln Rügens zu Hause. Sie ist von der Lachmöwe im Brutkleid durch den tiefschwarzen Kopf unterschieden.

7. Zwergmöwe *(Larus minutus):*
Ebenfalls eine Möwe mit schwarzem Kopf, aber insgesamt deutlich kleiner, ist eine weitere seltene Möwenart, die aber nicht auf und um Rügen brütet. Diese Art kommt in kleinen Schwärmen besonders auf dem Frühjahrszug nach Rügen.

8. Dreizehenmöwe *(Rissa tridactyla):*
Nächste Brutplätze dieser felsige Steilküsten bewohnenden Möwenart befinden sich in Dänemark. Von hier aus verirren sich hin und wieder einige dieser Vögel ostwärts auch bis Rügen.

Der Vollständigkeit halber seien hier noch die Möwenarten genannt, die nur einige wenige Male auf Rügen oder Hiddensee nachgewiesen worden sind: Skua, Schmarotzerraubmöwe, Falkenraubmöwe, Polarmöwe, Eismöwe und Schwalbenmöwe.

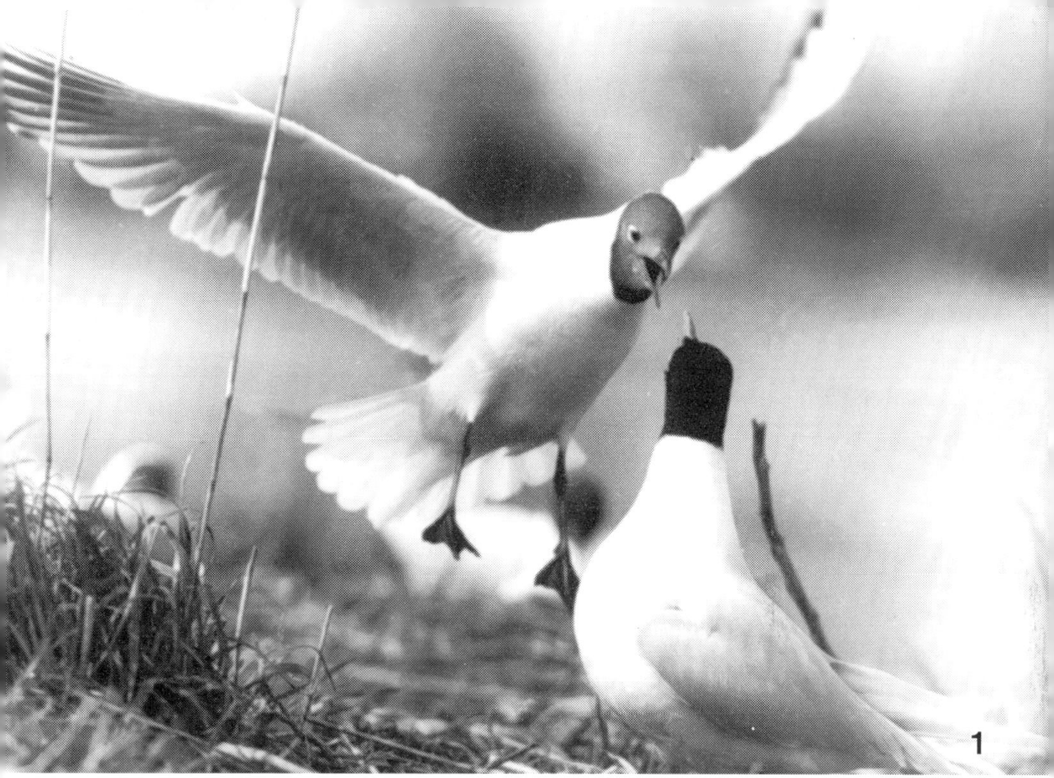
1

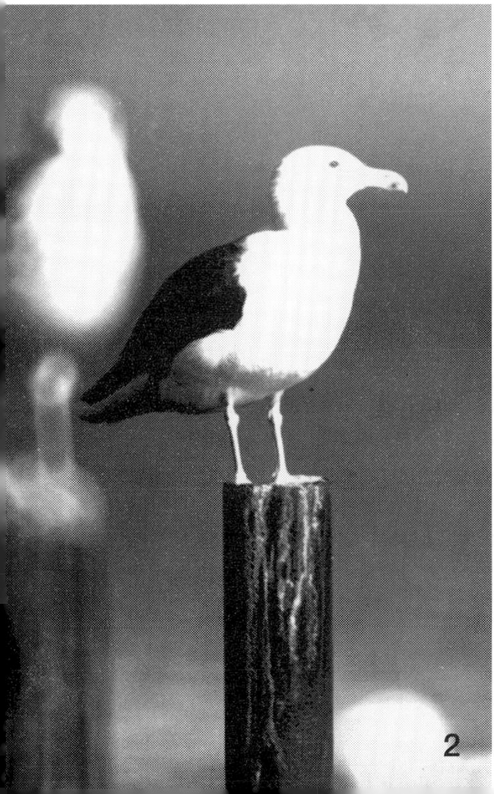
2

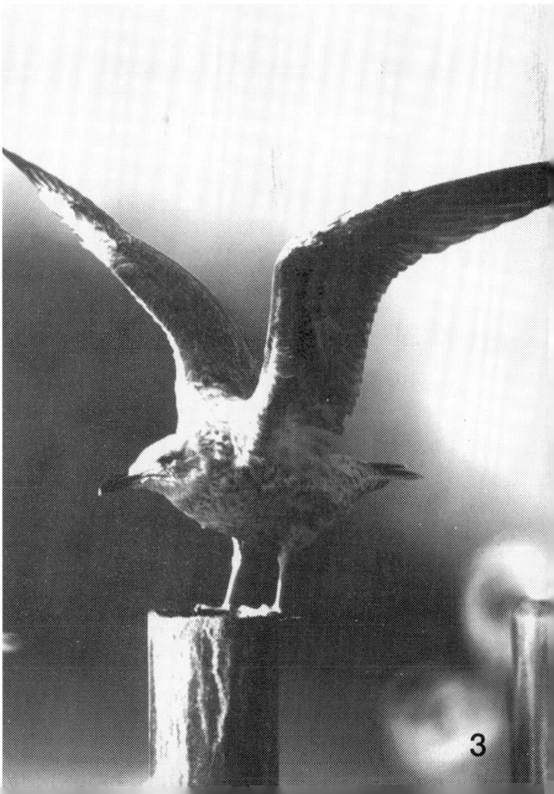
3

Seite 64:
1 Lachmöwe, 2 Schwarzkopfmöwe
3 Sturmmöwen, 4 Silbermöwe wird von Lachmöwen
attackiert
Seite 65:
1 Lachmöwe greift Schwarzkopfmöwe an
2 adulte Mantelmöwe, 3 immature (junge) Mantel-
möwe

Muscheln und Schnecken

Die eifrigen Sammler von Muschelschalen am Ostsee-Spülsaum werden manchmal etwas enttäuscht sein, denn die Ausbeute an verschiedenen Arten ist relativ gering. Der nach Osten hin sinkende Salzgehalt der Ostsee begrenzt das Vorkommen etlicher Arten, die noch in der Deutschen Beltsee, etwa bei Fehmarn, vorkommen.
Die vorkommenden Muschelarten bleiben recht klein.
Sehr häufig kommt die **Miesmuschel** *(Mytilus edulis)* vor, die auf Steinen oder Bunen große Bestände bilden kann. Eine schön geformte und gern gesammelte Art ist *Cardium edule*, die **Eßbare Herzmuschel**. Eine bis in den Bottnischen Meerbusen vor-

kommende, kleine Art ist die **Baltische Platt-muschel** *(Macoma balthica)*.
Immerhin bis etwa 10 cm groß kann die **Sandklaffmuschel** *(Mya arenaria)* werden. Weitere Arten, wie die Weiße Bohrmuschel oder die Pfeffermuschel dringen östlich nur bis zur Darßer Schwelle vor und sind ausnahmsweise zu finden.
Ähnlich verhält es sich mit den Schnecken-arten der Ostsee. Bekannte Arten der Nord-see oder westlichen Ostee kommen bei Rügen nicht mehr vor, so die Wattschnecke. Östlich bis Hiddensee kommt *Littorina littorea*, die **Gemeine Strandschnecke** vor. Durch die dünne, eiförmige Schale ist eine typische Brackwasserschnecke, die **Blasen-schnecke** *(Physa fontinalis)* kenntlich.
Auf die Landmolluskenarten Rügens kann hier nicht eingegangen werden. Interessant sind die z. B. in den Wäldern der Stubnitz im feuchten Klima die Buchenstämme bis eini-ge Meter hinaufsteigenden kleinen Schließ-mundschnecken mit turmartigen Gehäusen, wie z. B. Clausilia bidentata.

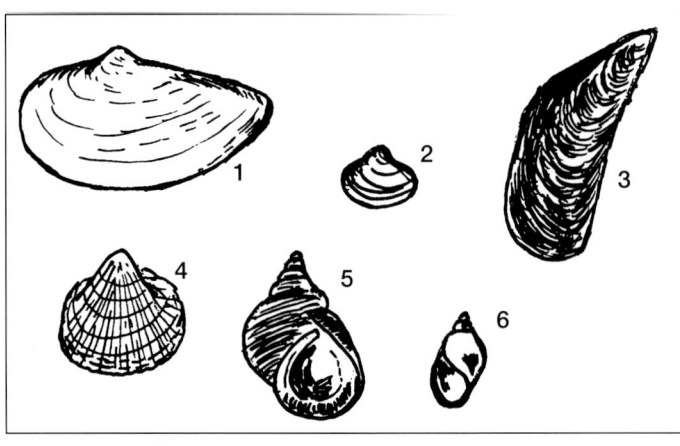

1 *Mya arenaria* -
Sandklaffmuschel
2 *Macoma balthica* -
Baltische Platt -
muschel
3 *Mytilus edulis* -
Miesmuschel
4 *Cardium edule* -
Herzmuschel
5 *Littorina littorea* -
Strandschnecke
6 *Physa fontinalis* -
Blasenschnecke

Nationalpark Jasmund

Eigentlich heißt die gesamte Halbinsel im Nordosten Rügens, die nur durch drei schmale Nehrungen mit der Hauptinsel verbunden ist, Jasmund, doch ebenso heißt der 1990 begründete nördlichste Nationalpark Mecklenburg-Vorpommerns.

Etwa 2000 Hektar Wald, ca. 500 Hektar Ostsee und 500 Hektar Wiesen, Moore und andere Blößen bilden den Nationalpark, dessen Kernzone aus dem seit 1935 bestehenden Naturschutzgebiet hervorgegangen ist. Die eindrucksvolle weiße Kreide-Steilküste des Reservats zählt zu den besonderen Attraktionen Rügens und ist wohl für jeden Rügenbesucher „Pflichtprogramm". Schon zu DDR-Zeiten zählte die Aussichtsplattform des „Königstuhl" und der Hochuferweg zwischen Stubbenkammer und Saßnitz zu den meistbesuchtesten touristischen Sehenswürdigkeiten des östlichen Deutschland.

Die Bilder des Malers C. D. Friedrich machten die Kreideklippen, die Steilküste, die wohl zu den schönsten Küsten Europas zu zählen ist, über Deutschland hinaus bekannt. Eine Wanderung zwischen Saßnitz und dem Königstuhl bietet großartige Ausblicke auf die Ostsee und die Steilküste. Links und rechts des Weges sind schöne Waldbilder,

tief eingeschnittene Bachtäler, interessante Pflanzenarten und, wenn ein Fernglas mitgeführt wird, mit etwas Glück vor der Steilküste rastende Seevögel, wie Eider-Trauer-, Samt- oder Eisenten zu erleben. Wenn ein Spaziergang direkt am Ufer (wegen des Gerölls allerdings ziemlich beschwerlich!) vorgezogen wird, sollte auf Fossilien, die in der Kreide eingeschlossen waren, wie Seeigel, „Donnerkeile" (Belemniten) oder verschiedene Muschelarten geachtet werden.

Herthasee

Neben den Wissower Klinken ist der markanteste Punkt der Steilküste der Königstuhl, der immerhin einen Höhenunterschied von 117 m zwischen Aussichtsplattform bis zum Seespiegel erreicht. Ist der Königstuhl erreicht, bietet sich ein Weiterwandern zum nahegelegenen Hertha-See. Der sehr idyllisch gelegene Herthasee ist mit seinen 11 m Tiefe, seinem schwarz erscheinenden Wasser und den mächtigen

Buchen, die ihn umsäumen, ein von vielen Sagen und Märchen umwobenes Gewässer- das einzige größere stehende Gewässer des Nationalparkes auf dem Hochplateau.

Die Wälder des Nationalparkes bestehen zu etwa 80% aus Rotbuchenbeständen. Glück- licherweise ist die auch auf Rügen intensiv betriebene Forstwirtschaft hier mit Lär- chen- und Fichtenpflanzungen nicht so stark zum Zuge gekommen wie anderswo in Mecklenburg-Vorpommern. Bemerkens- werte Gehölze innerhalb der Waldungen sind der beachtliche Eibenbestand und das Vorkommen der Elsbeere. Bedingt durch den Kalkreichtum finden sich eine ganze Reihe von Orchideenarten im Reservat (sie- he Stichwort „Orchideen"). Die schönste der Orchideenarten, der Frauenschuh, hat hier im Nationalpark das einzige Vorkom- men in Mecklenburg-Vorpommern.

Dem botanisch Interessierten werden auch die in einigen Quellsümpfen vorhandenen großen Bestände des Riesenschachtelhalmes (Equisetum telmateja) auffallen.

Im April oder noch Anfang Mai ist der Buchenwaldboden von besonders vielen Farbtupfern bedeckt. Denn nur jetzt dringt durch das noch kahle Wipfeldach der Bäu- me so viel Licht, daß sich die ganze Palette von Frühlingsblühern, wie Leberblümchen, Hohe Schlüsselblume, Lungenkraut, Gel- bes und Weißes Windröschen oder Schar- bockskraut entfalten kann.

Die waldfreien Kesselmoore beherbergen den Rundblättrigen Sonnentau, die Blasen- binse, Fieberklee und eine Vielzahl von Moosarten.

Besonders erwähnenswerte Tierarten des Nationalparkes sind der Alpenstrudelwurm, der hier als Relikt der Eiszeit zu betrachten ist, der Springfrosch und die Glattnatter.

Die Zeiten, da der Wanderfalke an der Steil- küste noch den einzigen Felsenbrutplatz Norddeutschlands hatte, sind leider vorbei. Doch ein anderes Phänomen unter den gefiederten Bewohnern der Steilküste ist erhalten geblieben: die Mehlschwalben- population, die an den Kreideklippen siedelt. Bemerkenswerte Kleinvögel der Stubnitz- wälder und der Bachtäler sind Zwergschnäpper, Gebirgsstelze und sogar Wasseramsel. Auch der seltene Grüne Laubsänger wurde verschiedentlich nach- gewiesen.

Die Schalenwildarten, besonders Rot- und Schwarzwild, hatten in den achtziger Jah- ren eine untragbar hohe Dichte erreicht, so daß starke Waldschäden verursacht wur- den. Die eingebürgerten Mufflons und das Damwild sollen zukünftig aus dem Natio- nalpark elemeniert werden.

Sicher werden sich in den nächsten Jahren manche Einschränkungen und Lenkungs- maßnahmen bei anhaltend hohen oder gar noch wachsenden Besucherströmen notwen- dig machen; wenn man bedenkt, daß jähr- lich fast eine halbe Million Besucher das Königstuhl-Plateau ansteuern. Es ist schon jetzt nicht mehr möglich, mit dem Auto den Parkplatz am Königstuhl zu erreichen. Ein großer, gebührenpflichtiger Parkplatz bei der Ortschaft Hagen, an der Grenze des Nationalparkes ist Endstation für den Auto- touristen. Von hier aus fahren in kurzen Abständen Busse zum Königstuhl. Besser ist es natürlich, zu Fuß die herrlichen Wälder der Stubnitz in Richtung Kreide- küste zu erleben.

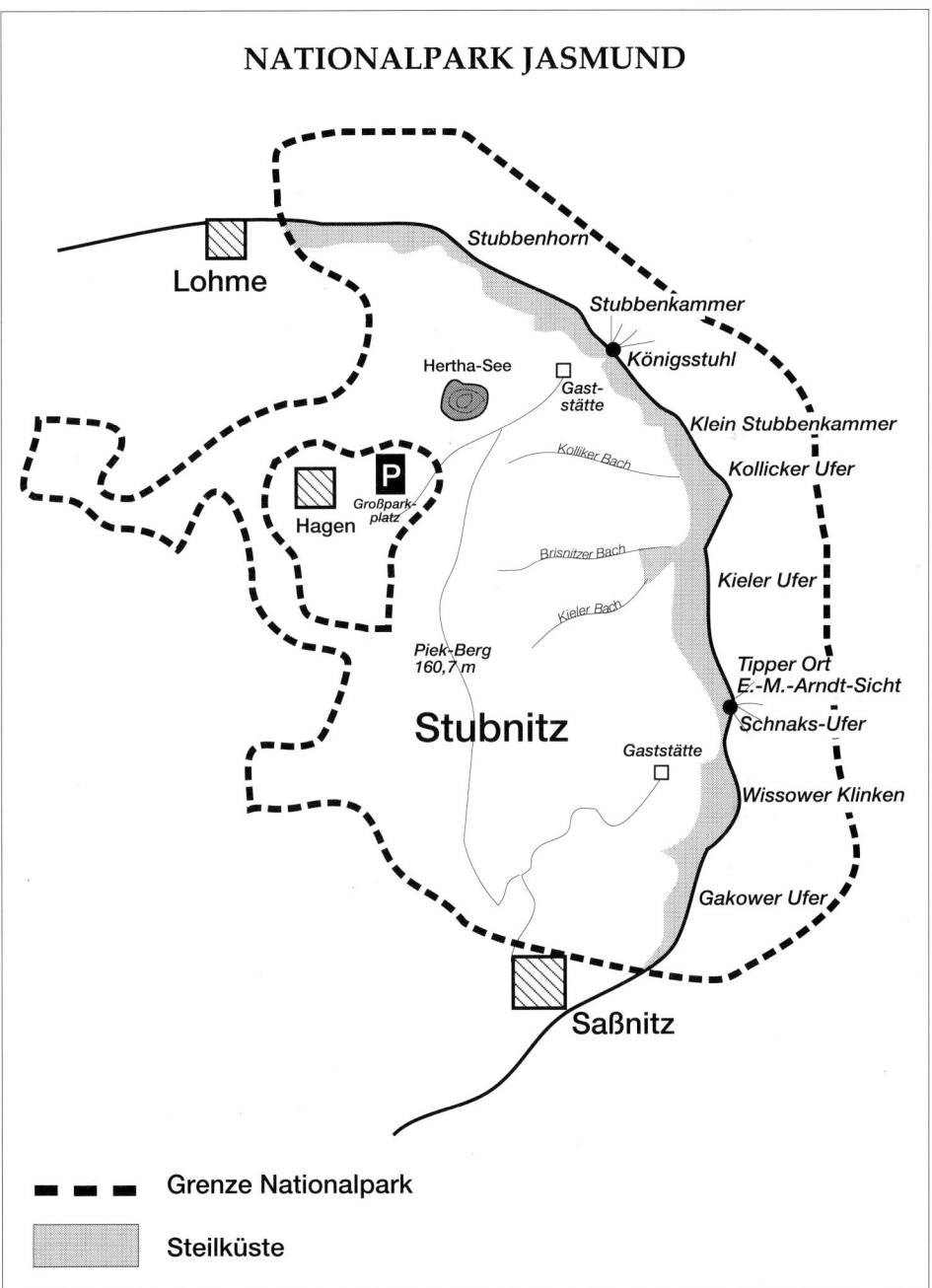

NATIONALPARK JASMUND

Lohme

Stubbenhorn

Stubbenkammer

Hertha-See
Königsstuhl
Gast-
stätte

Klein Stubbenkammer

Kolliker Bach
Kollicker Ufer

Hagen
Großpark-
platz
P

Brisnitzer Bach

Kieler Ufer

Kieler Bach

Piek-Berg
160,7 m

Stubnitz

Tipper Ort
E.-M.-Arndt-Sicht

Schnaks-Ufer

Gaststätte

Wissower Klinken

Gakower Ufer

Saßnitz

Grenze Nationalpark

Steilküste

Nationalpark „Vorpommersche Boddenlandschaft"

Ein zweiter Nationalpark neben „Jasmund" umfaßt einige kleine Teile von Ostrügen und fast die gesamte Insel Hiddensee, der NP „Vorpommersche Boddenlandschaft". Kernbereiche dieses immerhin 805 Quadratkilometer großen Gebietes sind die Halbinseln Darß und Zingst.

Von Rügen und Hiddensee sind einige wichtige Gebiete, die teilweise schon lange Jahre Naturschutzgebiete waren, in den Nationalpark einbezogen.

Der Südteil der Halbinsel „Bug", der „Neue Bessin" im Norden Hiddensees und der „Gellen", die Südspitze Hiddensees sind sogar als Kernzonen des NP benannt. Ausgeklammert sind die Ortsbereiche von Neuendorf-Plogshagen, Vitte, Kloster und Grieben auf der Insel Hiddensee und von Prerow und Zingst.

Weiter gehören der nördliche und der südliche Teil der Insel Ummanz mit für den Vogelzug wichtigen Boddengewässern wie der Udarser Wiek, dem Schaproder Bodden und dem Kubitzer Bodden mit der Vogelinsel Liebitz zum Nationalpark.

Nähere Informationen zur Naturausstattung bei den Stichwörtern: Hiddensee, Fährinsel, Heuwiese, Ummanz, Udarser Wiek und Bug.

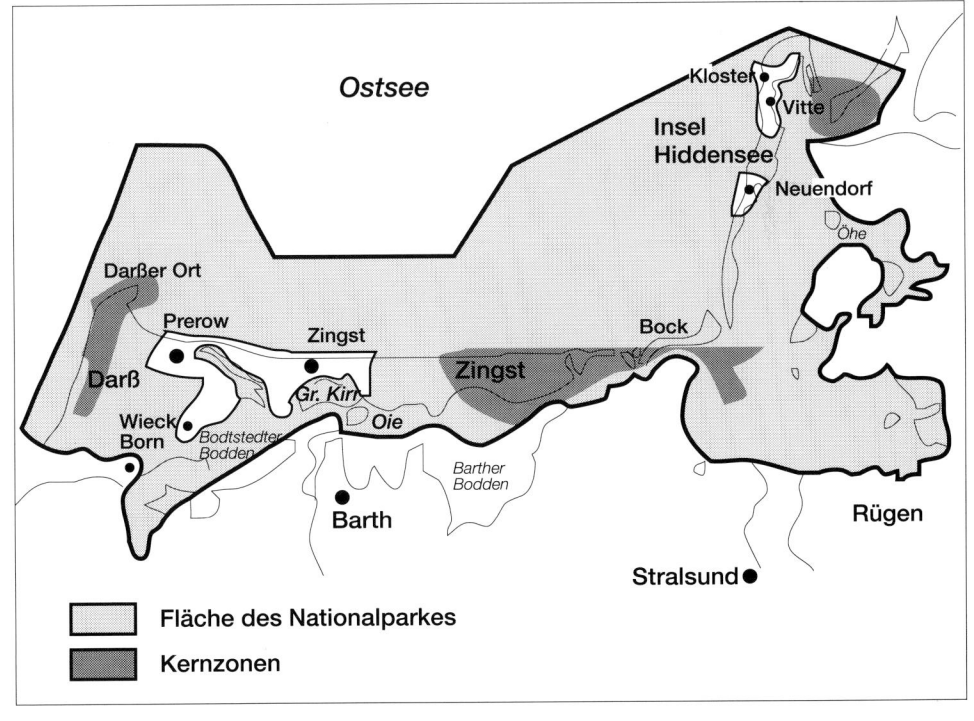

Fläche des Nationalparkes

Kernzonen

Naturdenkmale

Naturdenkmale sind besonders wertvolle, geschützte Einzelobjekte der Natur wie Alleen, Solitärbäume oder Findlinge. Auf Rügen sind 28 Alleen geschützt und 83 Einzelbäume besitzen diesen Status. Daneben gibt es 22 geschützte Großgeschiebe (siehe Findlinge).

Bedeutende Einzelbäume sind z. B. die „Sokkelesche" im Pfarrgarten von Garz, die einen Umfang von 5,10 m erreicht und 25 m hoch ist. Der Wurzelteller (der „Sockel") erhebt sich einen halben Meter über den Erdboden und hat einen Umfang von 11 m. In Putbus sind besonders eindrucksvolle Bäume zu bewundern, so eine starke Eibe im Park, die wahrscheinlich schon Anfang des 18. Jahrhunderts gepflanzt wurde und deren Doppelstamm am Boden einen Umfang von 3,70 m erreicht, oder die Esche am Markt, die mit 5 m Umfang eine der stärksten Eschen der vorpommerschen Küste ist.

Zwei Stieleichen im Putbuser Park erreichen 6,50 m und 5,50 m Umfang. Als Naturdenkmal ist auch die „Friedenseiche" vor dem Rugard bei Bergen (Kreisstadt) erklärt. Die 1875 gepflanzte Eiche hat einen Umfang von 2 m.

Der „Opferstein" auf Jasmund

Naturpark Rügen

Nur ein relativ geringer Anteil der Landfläche der Insel Rügen ist ohne irgendeinen Schutzstatus. Das stark von einer intensiven Landwirtschaft geprägte Zentralrügen zwischen Gingst, Bergen und Altefähr sowie die Landschaft um Mukran und östlich von Sagard sind davon ausgeschlossen.

Abgesehen von diesen Gebieten und den Flächen der Nationalparks „Jasmund" und „Vorpommersche Boddenlandschaft" sowie des „Biosphärenreservates Südostrügen", gehören alle übrigen Teile der Insel zum „Naturpark Rügen". Er umfaßt eine Fläche von etwa 770 Quadratkilometern.

Im Naturpark befinden sich bedeutende Naturschutzgebiete, so die „Feuersteinfelder" auf der Schmalen Heide, der See „Ossen", Teile der Schaabe, die Vogelinsel Beuchel und andere.

Elf Schutzgebiete bestehen bzw. sind einstweilen gesichert, und weitere 22 Gebiete sind als Naturschutzgebiete beantragt.

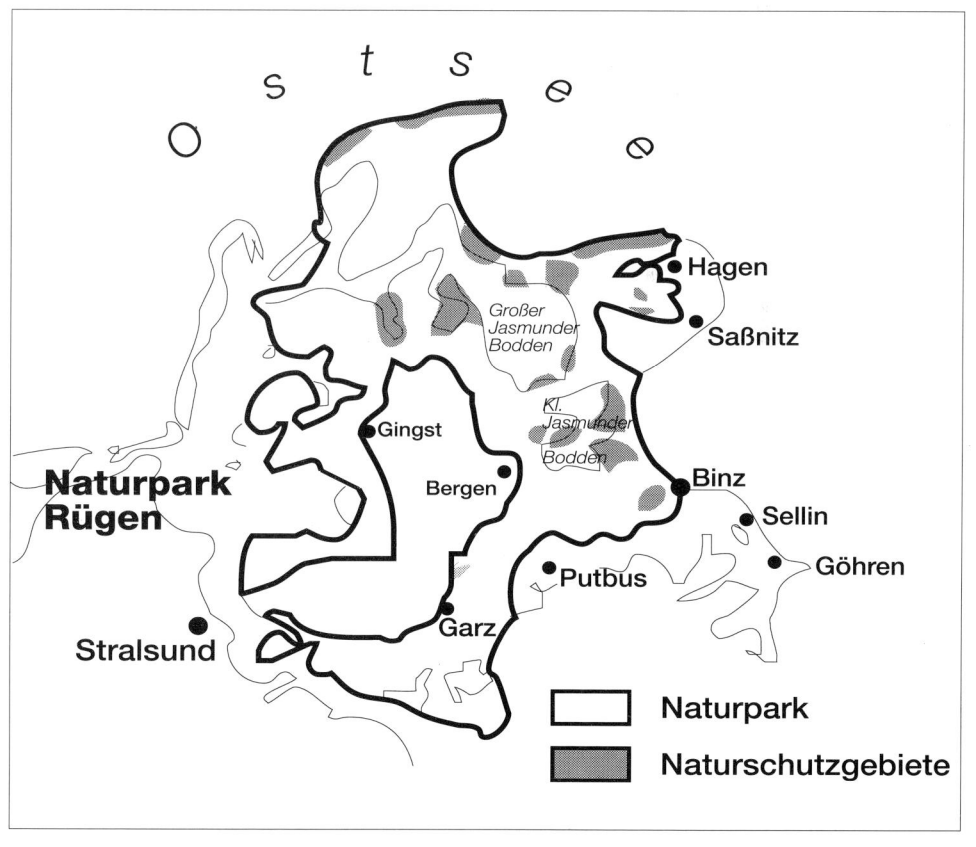

Naturschutzgebiete

Folgende Naturschutzgebiete sind neben oder innerhalb des Nationalparks „Vorpommersche Boddenlandschaft", des „Biosphärenreservates Südostrügen", des Nationalparkes „Jasmund" und der Landschaftsschutzgebiete „Ostrügen", „Insel Hiddensee" und „Mittlerer Strelasund" ausgewiesen (Stand 1991):

Name	Jahr der Unterschutzstellung	Größe (ha)
1. Insel Vilm	1936	93,80
Erweiterung	1990	81,20
2. Insel Pulitz	1937	250,00
3. Insel Beuchel	1940	16,81
4. Schmale Heide mit Steinfeldern	1961	185,00
Erweiterung	1990	10,00
5. Schoritzer Wiek	1984	437,00
6. Vogelhaken Glewitz	1984	85,00
7. Goor-Muglitz	1990	157,00
8. Granitz	1990	1130,00
9. Mönchgut	1990	2340,00

mit den Teilflächen:
Südperd, (Thiessow),Zickersches Höft, Lobber Ort, Salzwiesen bei Middelhagen, Schafberg bei Mariendorf, Nordperd (Göhren), Göhrener Litorinakliff, Baaber Heide, Having und Reddevitzer Höft,

10. Neuensiener und Selliner See	1990	234,00
11. Quellsumpf Ziegensteine bei Groß Stresow	1990	5,00
12. Wreechener See	1990	84,00
13. Kniepower See	1990	25,00
14. Langes Moor	1990	177,00

Name	Jahr der Unterschutzstellung	Größe (ha)
15. Liddower Haken	1990	80,00
16. Roter See bei Glowe	1990	177,00
17. Spyckerscher See	1990	200,00
18. Wittower Nordufer	1990	47,00

Weitere, schon länger bestehende Naturschutzgebiete sind in den Nationalpark „Vorpommersche Boddenlandschaft" integriert worden:

19. Dornbusch und Bessin (Hiddensee)	170 ha
20. Dünenheide (Hiddensee)	180 ha
21. Gellen mit Gänsewerder (Hiddensee)	735 ha
22. Fährinsel (Hiddensee)	58,50 ha
23. Insel Heuwiese und Freesenort	120 ha
24. Insel Liebitz mit Unrower Ufer	235 ha
25. Udarser Wiek	223 ha

Der heutige Nationalpark „Jasmund" ging aus dem schon länger bestehenden Naturschutzgebiet „Jasmund" mit 203 ha hervor.

Orchideen

Für Orchideenliebhaber im Norden
Deutschlands besitzt die Insel Rügen etwa
den Stellenwert wie der Kaiserstuhl am
Rhein, die Rhön oder Thüringen für den
Süddeutschen. Der Grund ist einfach: der
Kalkreichtum. Die Kreideküste bot einigen
kalkliebenden Orchideenarten günstige
Bedingungen. Doch es ist leider nicht zu
übersehen - die Vielfalt, die noch vor einigen Jahrzehnten vorhanden war, ist arg
zusammengeschrumpft.

Besonders die Bewohner der feuchten, ex-
tensiv genutzten Wiesen haben viele Standorte verloren, und sogar bei den
Waldorchideen der Stubnitz sind Rückgän-
ge an Arten und Individuenzahl zu ver-
zeichnen.

Leider fordert der Tourismus seinen Preis:
wie viele Frauenschuhpflanzen wurden
schon entlang des Hochuferweges gepflückt
oder gar ausgegraben?

Welche Orchideenarten sind noch heute auf
Rügen vorhanden:

1. Frauenschuh

(Cypripedium calceolus):

Auf Rügen befindet sich das einzige Vorkommen dieser schönsten und auffallen-
sten aller heimischen Orchideenarten für
Mecklenburg-Vorpommern. Durch den
Ansturm des Tourismus auf den Nationalpark Jasmund und die Kreideküste ist sicher mit Verlusten im Bestand auch dieser
Art zu rechnen. Bitte verlassen Sie insbesondere an der Kreideküste nicht die Wege! Die
Art besiedelt mehr oder weniger offene,
bebuschte Abschnitte der Kreideküste.
Hauptblütezeit des Frauen- schuh ist der
Juni.

2. Bleiches Waldvöglein

(Cephalanthera damasonium):

Zu finden entlang des Hochuferweges im
Nationalpark Jasmund. Diese Art ist an vielen Stellen in der Stubnitz anzutreffen. Sie
blüht von Ende Mai bis in den Juli hinein.

3. Langblättriges Waldvöglein

(Cephalanthera longifolia):

Auch diese Art kommt im NP Jasmund vor,
doch wesentlich seltener als die vorange-
gangene, sehr ähnliche Art. Blütezeit ist Juni.

4. Rotes Waldvöglein

(Cephalanthera rubra):

Wie einige der bisher genannten Orchideen
ist auch das Rote Waldvöglein eine typische
Waldorchidee, so daß die Chance, sie blühend zu treffen, am ehsten in den Buchenwäldern der Stubnitz und der Granitz
gegeben ist. Doch ist die Art nicht häufig
und in den Granitz-Waldungen wahrscheinlich auch nicht in jedem Jahr blühend. Ende
Mai bis Anfang Juli finden sich blühende
Pflanzen der Art.

5. Schwarzroter Sitter

(Epipactis atrorubens):

Der andere deutsche Name dieser Orchideenart „Strandvanille" weist auf Vorkommen unmittelbar an der Küste hin, und
tatsächlich ist der Schwarzrote Sitter an verschiedenen, teilweise recht unterschiedlichen Standorten auf Rügen zu Hause. Neben
Fundorten in Dünengebieten, stehen solche in alten Kreidebrüchen und an den Krei-
dehängen der Stubnitz. Blütezeit ist der Juli.

6. Breitblättriger Sitter

(Epipactis helleborine):

Der Breitblättrige Sitter gehört zu den Orchideenarten, die noch relativ wenig gefährdet erscheinen. Die Art stellt keine
besonders hohen Ansprüche an den Wuchs-
ort und kommt an verschiedenen Stellen

Frauenschuh (Cypripedium calceolus)

Seite 77:
1 Fuchs'sches Knabenkraut (Dactylorhiza fuchsii)
2 Große Händelwurz ((Gymnadenia conopsea)
3 Purpurknabenkraut (Orchis purpurea)
4 Langblättriges Waldvöglein (Cephalanthera longifolia)

Rügens, in Laub- und Nadelwaldungen, Parks und sogar Dünengebieten vor.

Auch vom Hiddenseer Dornbuschwald sind Fundorte bekannt. Blütezeit ist von Ende Juni bis Anfang August.

7. Sumpfsitter
(Epipactis palustris):

Auch diese Orchidee gehört nicht zu den gefährdetsten Arten Rügens. Sie besiedelt die unterschiedlichsten Standorte, liebt aber besonders quellige, feuchte Wiesen und Kreideblößen. Als Besiedler auch von Sekundärstandorten konnte die Art zeitweise in aufgelassenen Kreidebrüchen Rügens beachtliche Individuenzahlen erreichen. Auch von der Steilküste der Stubnitz und von der Insel Hiddensee sind Fundorte bekannt. Die Art blüht von Juni bis in den Juli hinein.

8. Großes Zweiblatt
(Listera ovata):

Von recht trockenen Gebüschstandorten bis zu feuchten Wiesen besiedelt diese zwar stattliche, aber farblich sehr unauffällige Orchideenart Rügen und Hiddensee. Sie ist daher im Bestand relativ wenig gefährdet. Blütezeit: Juni.

9. Nestwurz
(Neottia nidus-avis):

Die schattigen Kalkbuchenwälder des östlichen Rügen, insbesondere die der Stubnitz und der Granitz, sind die bevorzugten Standorte der Vogelnestwurz auf Rügen. Selbst vom vielbegangenen Hochuferweg der Stubnitz aus ist die Art mit ziemlicher Sicherheit zur Blütezeit im Juni zu sehen.

10. Netzblatt
(Goodyera repens):

Diese kleine, unscheinbare Orchidee siedelt in den Moospolstern der Dünenkiefernwälder der Nehrungen Nord- und Ost-rügens. Auch vom Dornbuschwald Hiddensees ist die Art nachgewiesen. Blütezeit ist der Monat Juli.

11. Widerbart
(Epipogium aphyllum)

Diese besondere Kostbarkeit unter den Waldorchideen Rügens erscheint sehr unregelmäßig und meist in einzelnen Exemplaren in den Buchenwäldern von Stubnitz und Granitz.

Im Juli und August sind mit viel Glück blühende Pflanzen zu finden.

12. Zweiblättrige Waldhyazinthe
(Platanthera bifolia):

Schwerpunkte der Verbreitung der Zweiblättrigen Waldhyazinthe sind die Waldungen Ostrügens. Sie kommt zwar an den verschiedensten Standorten vor, doch sind die Vorkommen nie sehr individuenreich. Auch auf Hiddensee bei Neuendorf kommt diese Waldhyazinthe vor. Die Art blüht Ende Mai bis Ende Juni.

13. Grünliche Waldhyazinthe
(Platanthera chlorantha):

Diese der vorangegangenen Art sehr ähnliche Orchidee ist nach KNAPP (1977) auf Zentral- und Westrügen konzentriert. Blütezeit ist Juni bis Juli.

14. Große Händelwurz
(Gymnadenia conopsea):

Hauptvorkommensgebiet dieser schönen, stattlichen Orchideenart auf Rügen sind die Kreideabbrüche der Jasmunder Steilküste und aufgelassene Kreidebrüche. Auch von Niedermoorstandorten Südostrügens ist die Art nachgewiesen. Vorkommen auf Hiddensee sind nicht bekannt. Diese Orchidee blüht von Juni bis in den Juli hinein.

15. Purpurknabenkraut
(Orchis purpurea):

Die einzigen Vorkommen des prächtigen

Dactylorhiza majalis (Breitblättriges Knabenkraut)

Purpurknabenkraut konzentrieren sich auf die Kreideküste im Nationalpark Jasmund. Hier blühen die Pflanzen im Juni an ähnlichen Standorten wie das Fuchssche Knabenkraut und der Frauenschuh. Auf Hiddensee wurde vor 60 Jahren eine einzelne Pflanze der Art gefunden.

16. Kleines Knabenkraut
(Orchis morio):
Die Bestandsentwicklung des einstmals auch auf Rügen und Hiddensee recht häufigen Kleinen Knabenkrautes ist ein wahres Drama. Bedingt wahrscheinlich besonders durch die zunehmende Nährstoffanreicherung in der Landschaft, die allgemein zu einer Verarmung hinsichtlich der Artenzusammensetzung führt, ist die Art heute auf Rügen ausgestorben. Sie sei aber in dieser aktuellen Liste genannt, weil bis vor kurzem auf der Insel Hiddensee noch ein Vorkommen bestand (Verfasser sah blühende Exemplare der Art dort in den siebziger Jahren). Möglicherweise finden sich auch jetzt noch blühende Pflanzen ein.
Blütezeit: Ende Mai/Juni.

17. Stattliches Knabenkraut
(Orchis mascula):
Diese ehemals nicht seltene Art hat auf Rügen viele Standorte in den letzten Jahren verloren. Sumpfwiesen, Küstenwald und früher selbst Straßenränder sind als Fundorte bekannt geworden. Ein als Flächennaturdenkmal gesichertes Vorkommen umfaßte über 100 blühende Pflanzen.
Blütezeit: Mai/Juni.

18. Geflecktes Knabenkraut
(Dactylorhiza maculata):
Noch 1977 bezeichnete KNAPP das Gefleckte Knabenkraut, auf Rügen bezogen, als „Art mit beschränkter Verbreitung aber meist relativ starkem Vorkommen".

Ob das jetzt noch zutrifft, ist fraglich. Blütezeit: Mai/Juni

19. Fuchssches Knabenkraut
(Dactylorhiza fuchsii):
Die Art wurde früher als Form des Gefleckten Knabenkrautes angesehen. Diese Art ist an der Kreideküste des NP Jasmund sehr häufig, und ein Spaziergang im Juni entlang der Küste zwischen Saßnitz und dem Königstuhl macht mit Sicherheit mit dieser schönen Orchideenart, von der an der Kreideküste sehr stattliche Exemplare wachsen, bekannt.

20. Breitblättriges Knabenkraut
(Dactylorhiza majalis):
Diese einstmals häufige und auf Rügen weit verbreitete Feuchtwiesenorchidee hat durch die in den letzten Jahrzehnten intensiv betriebene Landwirtschaft mit verbreiteten Trockenlegungen sehr viele Standorte verloren, so daß der Besucher von Rügen auch diese Art eher zufällig und in geringerer Anzahl zur Blütezeit im Mai antrifft. Auch auf Hiddensee, z. B. am Bessin, findet sich das Breitblättrige Knabenkraut.

21. Fleischfarbenes Knabenkraut
(Dactylorhiza incarnata):
Auf Rügen und auf Hiddensee kommt das Fleischfarbene Knabenkraut nur an einigen wenigen Stellen in kalkreichen Nieder- und Quellmooren vor. An einer einzigen Stelle Ostrügens kommt auch die weiße Variante der Art (var. ochroleuca) vor.
Blütezeit: Juni.

22. Sumpf-Weichwurz
(Hammarbya paludosa):
Das einzige, aktuellere (noch existente ?) Vorkommen dieser kleinen, unscheinbaren Moororchidee auf Rügen wurde aus der Granitz bekannt.
Blütezeit: Juli/August.

23. Sumpf-Glanzkraut

(Liparis loeselii):
Diese kleine Moororchidee besiedelt auf Rügen und Hiddensee Kleinseggenriede, hat aber durch Trockenlegungen viele Standorte verloren. Blütezeit: Juni bis Anfang Juli.

24. Korallenwurz

(Corallorhiza trifida):
Diese seltsame Art schattiger Buchenwälder ist im Nationalpark Jasmund, wenn auch sehr selten, zu finden. In den Waldbeständen der Granitz ist die Art wahrscheinlich ausgestorben. Blütezeit: Juni.
Diese Liste der Orchideenarten von Rügen und Hiddensee umfaßt somit immerhin 24 Arten - das ist viel für den deutschen Norden.

BÜRGENER gibt 1959 noch 30 Arten für Rügen an. Es ist zu hoffen, daß sich dieser Artenrückgang nicht in gesteigerter Intensität fortsetzt.

Von folgenden Orchideenarten, die heute auf Rügen und Hiddensee nicht mehr existent sind, gab es Nachweise von den Inseln:
- **Sumpfknabenkraut** *(Orchis palustris)*
- **Einblatt** *(Malaxis monophyllos)*
- **Kleines Zweiblatt** *(Listera cordata)*
- **Helmknabenkraut** *(Orchis militaris)*
- **Bienenragwurz** *(Ophrys apifera)*
- **Spitzorchis** *(Anacamptis pyramidalis)*
- **Honigorchis** *(Herminium monorchis)*

Sumpfsitter (Epipactis palustris)

Ossen

Nordöstlich der Kreisstadt Bergen liegt ein 67 ha großer See, der mit seinen Röhrichtbeständen Brutgebiet und wichtiges Rastgewässer für Entenvögel darstellt. An der Südostseite des Sees bekommt man einen Blick auf die Wasserfläche, ansonsten ist der See schwer zugänglich.

Die Sägerarten, Sing- und Höckerschwäne rasten im Winterhalbjahr gern auf dem See, wenn dieser nicht zugefroren ist.

Der Vegetationsgürtel um den See bietet schöne Bestände der Wasserschwertlilie und des Schmalblättrigen Wollgrases. Auch das Breitblättrige und das Steifblättrige Knabenkraut kommen vor.

Pulitz

Naturschutz-Insel im Kleinen Jasmunder Bodden. Ist fast ausschließlich von naturnahem Wald bedeckt und zeichnet sich durch bewegtes Relief aus.

Die Insel ist für den Besucherverkehr gesperrt.

Putbus, Park

Neben einem 8 ha großen Wildgatter ist für Naturfreunde der immerhin 75 ha große Landschaftspark in Putbus (Biosphärenreservat Südost-Rügen) einen Besuch wert. Ab etwa 1804 begann unter dem Fürsten von Putbus, Graf Wilhelm Malte I. die Gestaltung des Parkes, wobei ein vorhandener, kleiner Barockgarten mit einbezogen wurde.

Gezielt wurden dendrologische Besonder-heiten gesammelt, so daß auch heute noch interessante Gehölzarten mit beachtlichem Alter den Park zieren.

Folgende Gehölze sind beispielsweise zu finden:

- **Riesen-Mammutbaum**
  (Sequoiadendron giganteum) - 5 Exemplare
- **Berg-Hemlocktanne**
  (Tsuga mertensiana)
- **Rauhborkige Hickorynuß**
  (Carya ovata)
- **Urwelt-Mammutbaum**
  (Metasequoia glyptostroboides)
- **Lawsons Scheinzypresse**
  (Chamaecyparis lawsoniana)
- **Ginkgobaum**
  (Ginkgo biloba)
- **Küsten-Douglasfichte**
  (Pseudotsuga menziesii)
- **Japanische Kirsche**
  (Prunus serrulata)
- **Niedergestreckte Zwergmispel**
  (Cotoneaster horizontalis)
- **Buchsbaum**
  (Buxus sempervirens)
- **Griechische Weißtanne**
  (Abies cephalonica)
- **Nordmannstanne**
  (Abies nordmanniana)
- **Kaukasische Flügelnuß**
  (Pterocarya fraxinifolia)
- **Baumhasel**
  (Corylus colurna)
- **Virginischer Wacholder**
  (Juniperus viginiana)
- **Serbische Fichte**
  (Picea omorika)
- **Weymouthskiefer**
  (Pinus strobus)
- **Tulpenbaum**
  (Liriodendron tulipifera)

- **Kanadische Hemlocktanne**
  (Tsuga canadensis)
- **Lamberts Bluthasel**
  (Corylus maxima purpurea)
- **Sumpfzypresse**
  (Taxodium distichum)
- **Eßkastanie**
  (Castanea sativa)
- **Spanische Tanne**
  (Abies pinsapo)
- **Sicheltanne**
  (Chryptomeria japonica)
- **Silberahorn**
  (Acer saccharinum)

Daneben gibt es natürlich noch eine ganze Reihe häufigerer und auch heimischer Gehölze. Besonders bekannt unter dem Putbuser Gehölzbestand ist eine Hainbuche mit sowohl buchen- als auch eichenähnlichen Blättern als Folge einer Mutation. Der Baum, den schon Goethe 1805 beschrieb, wurde 1963 Opfer eines Sturmes. Doch trieben die im Boden verbliebenen Teile aus, so daß die Abnormität erhalten geblieben ist.

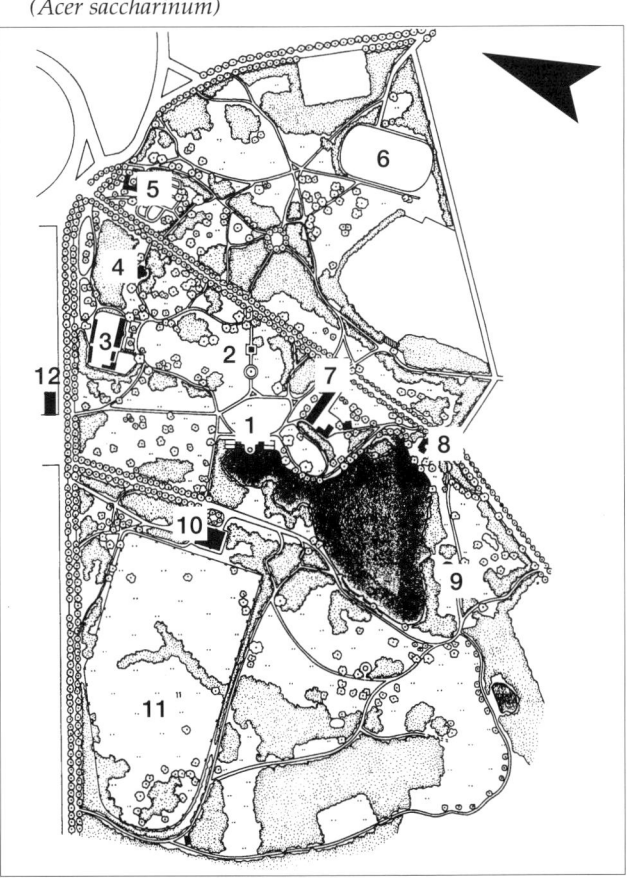

Putbus, Parkplan:
1 *Standort des ehemaligen Schlosses*
2 *Denkmal für Wilhelm Malte I.*
3 *Orangerie*
4 *Mausoleum*
5 *Gaststätte (Villa Löwenstein)*
6 *Sportplatz*
7 *Marstall*
8 *Affenhaus*
9 *Fasanenhaus*
10 *Schloßkirche (ehemals Kursalon)*
11 *Wildgehege*
12 *Theater*

Quallen

An den Stränden von Rügen und Hiddensee ist die Gefahr gering, beim Baden mit nesselnden Quallen in Berührung zu kommen. Unangenehm könnte nur die Gelbe Haarqualle (Cyanea capillata) werden, die von der Deutschen Beltsee sehr selten bis in die mittlere Ostsee getrieben werden kann. Häufig dagegen ist nur eine große Quallenart, die Ohrenqualle (Aurelia aurita), mit etwa 30 cm Hutdurchmesser und blau oder rötlich-violett gefärbten Gonaden.

Weitere vorkommende Medusenarten wie die Seestachelbeere, die Meeresleuchten hervorrufen kann, sind sehr klein.

Ralswiek, Schloßpark

Das Ralswieker Renaissance-Schloß bildet den Mittelpunkt einer weiträumigen Parklandschaft. Die Anlage ist unbedingt sehenswert, da hier die natürliche Schönheit des bewegten Reliefs der Küstenlandschaft geschickt in die Parkanlage konzipiert wurde. Schon ab 1810 entstand der Park und wurde um die Jahrhundertwende großzügig erweitert.

Reizvoll sind einige alte Bäume, die bereits um 1830 gepflanzt wurden und etliche dendrologische Besonderheiten, wie einige Pyramideneichen und Platanen.

Interessant ist die Sammlung von Gehölzen mit besonderen Wuchs- oder Blattformen. So gibt es eine schlitzblättrige Rotbuche und eine besondere Form der Traubeneiche mit ganzrandigen Blättern und leicht gewellten Blatträndern (Quercus petrea sublobata).

Ralswieker Renaissance-Schloß

Riesenschachtelhalm

Eine gut zugängliche botanische Attraktion der Insel Rügen ist ein reiches Vorkommen des Riesen-Schachtelhalmes (Equisetum telmateia) an der Steilküste bei Nardevitz (Halbinsel Jasmund).

Der Wanderweg an der Uferkante entlang führt bequem zu dem durch Schilder gekennzeichneten Standort.

Der Riesenschachtelhalm ist eine Pflanze der Quellmoore, deren sporangientragenden Sprosse 1,5 cm dick und bis zu 2 m hoch werden. Bitte betreten Sie nicht die Schachtelhalmstandorte und bleiben Sie auf dem Weg.

Robben

Robben sind in den Gewässern um Rügen und Hiddensee ausgesprochen selten, und die Wahrscheinlichkeit, solche Tiere zu sehen, ist sehr gering. Möglich ist das Auftreten von drei Arten, die alle zur Unterfamilie der Seehunde gehören. Das sind Kegelrobbe (Halichoerus grypus), Seehund (Phoca vitulina) und Ringelrobbe (Phoca hispida). Die Kegelrobbe ist von diesen Arten am häufigsten.

Noch vor 100 Jahren lebten ca. 100 Tausend dieser Tiere in der Ostsee. Rücksichtslose Jagd und Umwelteinflüsse, besonders Umweltgifte reduzierten die Art in der Folge schnell.

Kegelrobbenschädel und -zähne fanden sich an der Ausgrabungsstätte einer jungslawischen Siedlung aus dem 12. Jahrhundert bei Zirkow auf Rügen.

Die Gewässer östlich von Rügen waren noch im vorigen Jahrhundert bevorzugte Aufenthaltsorte von Kegelrobbe und auch vom Seehund. Besonders auf der untergegangenen großen Sandbank Groß-Stubber im Greifswalder Bodden wurden oft Robben gesichtet. Auch die Insel Vilm und der Granitzer Ort waren bei den Robben beliebt. Der Seehund fand in den Gewässern Ostrügens zusagende Bedingungen und hatte hier Wurf- und Lagerplätze. In der ersten Hälfte dieses Jahrhunderts wurde die Art hier weitgehend ausgerottet. Nur in der westlichen Ostsee ist der Seehund etwas häufiger (gesamte Ostsee ca. 250 Tiere), und in die Gewässer bis zum westlichen Rügen verirren sich heute nur noch selten Seehunde.

Am ehesten sind Ringelrobben in den Gewässern um Rügen und Hiddensee zu erwarten. Noch etwa 8000 Tiere dieser Art leben im Bottnischen und Finnischen Meerbusen.

Auch in den letzten Jahren fingen sich hin und wieder Ringelrobben in rügenschen Fischreusen, so 1986 bei Mönchgut und 1987 im Wreecher See (HARDER, 1989).

Seehund

Rugard

Dieser kleine Naturführer soll kein Reiseführer sein und trotzdem sei hier ein vielbesuchter touristischer Anlaufpunkt erwähnt - der Aussichtsturm auf dem Rugard.

Einfach deswegen, weil von hier aus (und vom Turm des Jagdschlosses Granitz) die ganze Vielfalt und Schönheit der Rügenschen Landschaft offenbar wird.

HURTIG (1957) beschrieb den Blick vom Rugard so anschaulich, daß dem nichts hinzuzufügen ist: „Von der Plattform des Ernst-Moritz-Arndt-Turmes entrollt sich bei klarem Wetter ein Panorama, wie es nicht eindrucksvoller zu denken ist."

Wie auf einer großen Landkarte breitet sich die Insel aus. Im SW stehen am Horizont die Türme von Stralsund. Den dort entlangziehenden Strelasund mit dem ihn querenden Rügendamm kann man nur ahnen. Nach SO geht der Blick zur Insel Vilm und zum Greifswalder Bodden. Im NW ist in der Ferne deutlich Hiddensee mit dem Dornbusch erkennbar. Noch großartiger wird der Blick nach Osten und Norden. Hügel und tiefe Mulden setzen scharf gegeneinander ab. Größere Feldfluren ziehen sich über das unruhige Relief und werden von mehr oder weniger großen Waldstücken unterbrochen. Zwischen Hügeln und Mulden, zwischen Feldflur und Waldstücken, leuchten die glitzernden Flächen des Kleinen und Großen Jasmunder Boddens, das Landschaftsbild beherrschend, auf. Schilf- und Rohrsäume umgeben sie. Einzelne hellleuchtende Uferkliffs heben sich heraus. Wo beide Bodden sich berühren, läuft über die Boddenenge von Lietzow die Chaussee von Bergen nach Saßnitz....

...Im Osten liegt das Waldhügelland der Granitz mit dem beherrschenden Turm seines Jagdschlosses. Der Inselteil läuft hier, nach SO abschwenkend, zur Halbinsel Thiessow aus mit ihrer stark aufgegliederten Binnenküste.

Groß-Zicker und Klein-Zicker, Teile vom alten Mönchsgut, heben sich als baumlose Höhen heraus. Im Nordosten steht die Stubnitz auf Jasmund mit ihren Buchenwäldern. Dieser Höhenkomplex erreicht mehr als 160 m über dem Meeresspiegel. In den weithin leuchtenden Kreidebrüchen von Sagard ragt eine Formation des Mittelalters der Erde durch das von Eisschutt bedeckte norddeutsche Tiefland. An den Steilufern des Küstenabschnittes von Saßnitz nach Stubbenkammer bricht die Kreide in hohen Kliffs zum Meere ab. Ganz im Norden liegt Wittow.

Kahler und flacher wirkt dieser Höhenkomplex, 30–36 m betragen seine höchsten Erhebungen. An seinem nördlichsten Ende liegt Arkona. Wieder zeigt sich hier das leuchtende Kreideufer. Zwischen Jasmund und Wittow und zwischen Jasmund und der Granitz greift das Meer in breiten, flachen Buchten (Tromper Wiek und Prorer Wiek) weit nach Rügen hinein, als wollte es sich mit dem Jasmunder Bodden vereinigen. Die niedrige, nehrungsartige Schaabe und die Schmale Heide verbieten dies. Ihr dunkler Kiefernwald hebt sich mit seiner vollkommen horizontalen Kontur deutlich aus dem Blickfeld des sonst unruhigen Geländes heraus.

Rügen mit seinem Außen- und Binnenbodden, mit seinen Wieken und Höhenkomplexen muß man einmal vom Rugard erlebt haben.

Wie ein gewaltiger Park liegt die Insel vor

Blick vom Jagdschloß Granitz zur Kreisstadt Bergen

dem Beschauer, eine Symphonie von Hügel-
kuppen, Wasser, Feld und Land.

Die Schönheit der Landschaft wird vollkommen, wenn sich über ihr vielleicht noch
ein Sommerhimmel spannt, an dem große
Wolkenballen langsam dahinsegeln und
ihre Schatten wie Riesenfinger über eine
der herrlichsten Landschaften gleiten lassen."

Säger

Innerhalb der Entenvögel gibt es drei heimische Arten, die als Säger bezeichnet werden. Ihre Schnabelränder sind mit sägezahnähnlichen Gebilden ausgestattet, mit deren Hilfe diese Vögel gut ihre Hauptbeute, kleine Fische, festhalten können. Die drei Arten, Zwerg-, Mittel- und Gänsesäger sind auf Rügen und Hiddensee je nach Jahreszeit in unterschiedlicher Häufigkeit zu beobachten.

Der Gänsesäger ist besonders im Winter ein häufiger Gast. Doch brütet die Art auch in einigen Paaren z. B. auf der Insel Vilm (Ostrügen). Er ist Baumhöhlenbrüter und nimmt auch entsprechend große Nistkästen an.

Der Mittelsäger ist als Brutvogel weit häufiger auf Hiddense und Rügen. Er besiedelt vor allem die Vogelschutzinseln in den Boddengewässern.

Auf der Hiddenseer Fährinsel versteckt diese Sägerart besonders gern zwischen Wacholderbeständen das Gelege.

Der kleine, schmucke Zwergsäger ist nicht Brutvogel auf Rügen.

Er überdauert den Winter an eisfreien Stellen vor der Küste, um im April in seine nordskandinavische Brutheimat zurückzukehren.

Zwergsäger (Männchen)

Salzpflanzen

Das Salzwasser der Ostsee prägt in den Uferbereichen und an den flachen Abschnitten der Küste, die sporadisch vom Meerwasser überflutet werden, die Pflanzenwelt. Die kurzgrasigen Salzwiesen der Ostseeküste sind besonders anfällige und inzwischen rar gewordene Lebensräume. Besonderheit dieser Wiesen ist der hohe Gehalt an Kochsalz (NaCl) im Wasser, das den dort wachsenden Pflanzen zur Verfügung steht. Pflanzen, die auf stärker kochsalzhaltigen Böden wachsen, werden Halophyten (salzliebende Pflanzen) genannt.

Während einige dieser Pflanzen auf salzfreien Böden nicht gedeihen können, wie Queller oder Andel, kann z. B. die Salzaster (Astertripolium) manchmal auch ohne oder bei nur geringem Salzgehalt der Bodenlösung leben. An schwach salzhaltigen Wuchsorten wird die Salzaster sogar wesentlich größer und blüht üppiger als an stark salzhaltigen Orten.

Die Salzpflanzen nehmen aus dem Bodenwasser teilweise beträchtliche Kochsalzmengen auf. Da dieses Salz in den Pflanzen keine Verwendung findet und im allgemeinen auch nicht ausgeschieden wird, erfolgt eine Speicherung in den Blättern und in den Stengeln. Messungen ergaben bei der Salzaster ein Kochsalzgehalt in der Asche der Stengel von 82,27% und in den Blättern immerhin noch 69,39%.

Neben der Salzaster sind folgende weitere Arten auf den Salzwiesen anzutreffen:

Relativ häufig ist das Rote Quellried (Blysmus rufus) und die Strand-Simse (Scirpus maritimus).

Letztere ist hochgewachsen und hat doldig angeordnete, große braune Ähren.

Strand-Milchkraut (Glaux maritima), Salz-Schuppenmiere (Spergularia salina), Spieß-Melde (Atriplex hastata), Strand-Dreizack (Triglochin maritimum) und Strand-Segge (Carex extensa) sind hier neben weiteren Pflanzen zu finden.

Besonders attraktiv sind die Bestände der Salzaster. Die Blütezeit dieser Pflanze beginnt im Juli und zieht sich bis in den September hinein. Die Blüten sind zweifarbig. Ein Kranz zart blauvioletter Strahlen- oder Zungenblüten umgibt die gelbe Scheibe der Röhrenblüten. Die Salzastern stehen in weithin auffälligen, buschigen Blütenständen. Eine asternreiche Salzwiese bietet an der sommerlichen Küste ein farbenfrohes Bild. Die Blüten sind recht nektarreich, so daß eine große Zahl von Insekten, die für die Bestäubung sorgen, angelockt wird. Nach dem Abblühen der Salzaster bilden sich Fruchtkörbchen, die nach ihrer Entfaltung viele einzelne Früchte mit weicher Behaarung als Schwebevorrichtung freisetzen.

Seite 91:
oben:
links: Salz-Miere (Honckenya peploides)
rechts: Queller (Salicornia europaea)
unten:
Milchkraut (Glaux maritima)

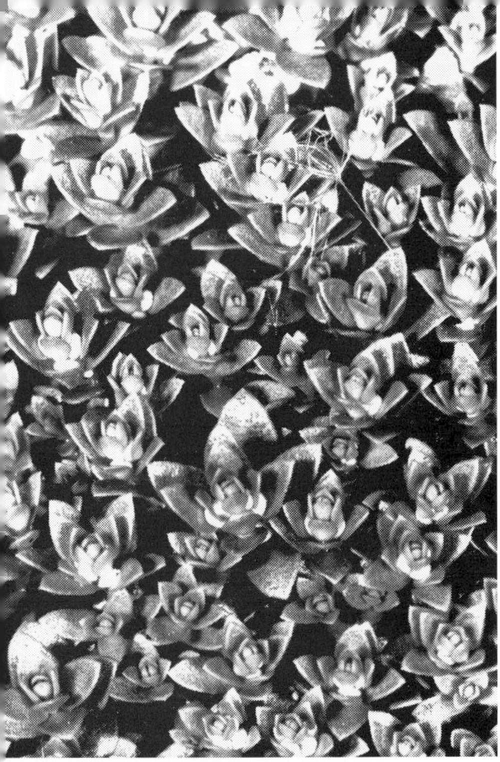

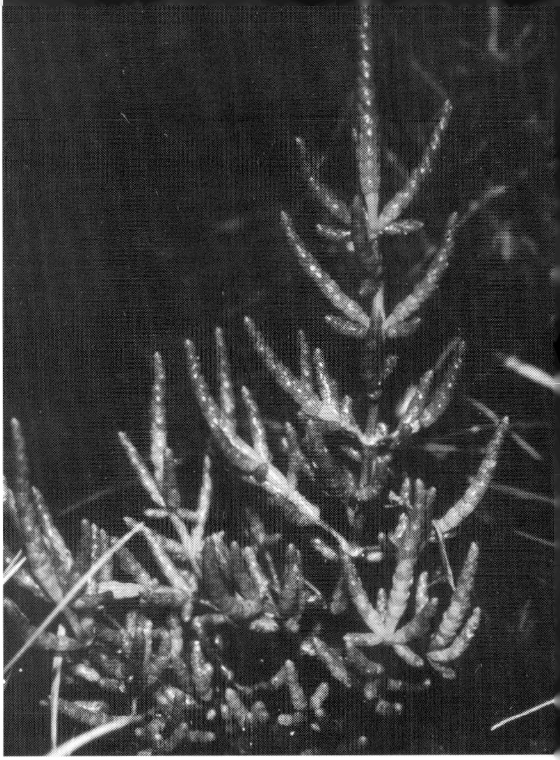

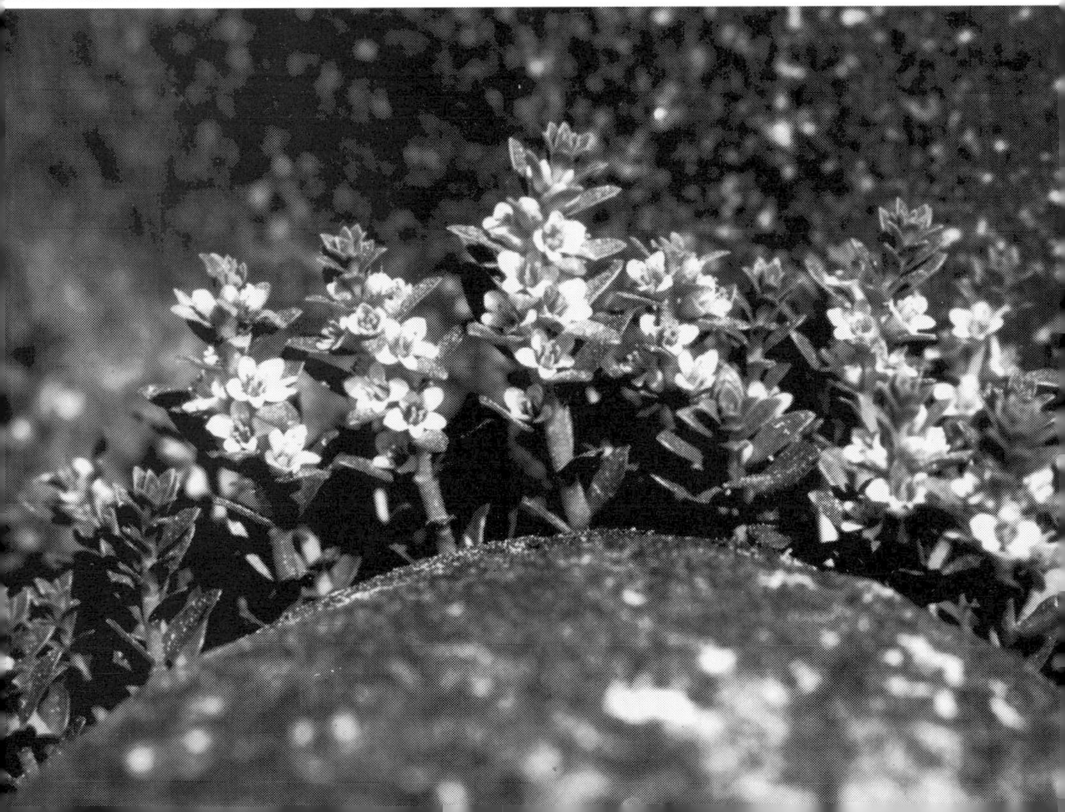

Sanddorn *(Hippophae rhamnoides)*

Dieser dornige Strauch ist von besonderer Bedeutung als Pionierbesiedler von Dünengebieten. Besonders große Bestände befinden sich an den Geschiebemergelkliffen des nördlichen Hiddensee oder auch in den Dünengebieten der Halbinsel Wittow und des Bessin auf Hiddensee.

Der Strauch kann sich schnell durch seine weitreichenden Ausläufer verbreiten. Die Blätter sind schmal lanzettlich, oberseits dunkelgrün, anfangs aber durch bestimmte Haare silbrig, wie auch die Unterseiten silbrigweiß sind.

Die zweihäusigen Blüten sind klein und unscheinbar - sie erscheinen im April und Mai.

Die Früchte, orangerot oder gelb, sind sehr vitaminreich und werden daher gern zur Saftgewinnung genutzt („Sanddorn-Melken").

Schaabe

Als „Schaabe" wird eine der schönsten bewaldeten Nehrungen Rügens bezeichnet. Sie verbindet die Halbinseln Wittow und Jasmund miteinander. Teile der Schaabe wurden als Naturschutzgebiet ausgewiesen. Durchschnittlich nur etwa 1,5 km breit, erstreckt sich die Sandbrücke zwischen den Ortschaften Breege-Juliusruh und Glowe.

Im Sommer herrscht an der Ostküste der Nehrung reger Badebetrieb, so daß der Naturfreund wenig auf seine Kosten kommt. Anders verhält es sich mit dem Wanderweg, der am Ufer des Großen Jasmunder Boddens und des Breeger Boddens entlangführt - hier ist manche botanische Kostbarkeit zu entdecken, und auch das Fernglas zur Vogelbeobachtung sollte nicht zu Hause gelassen werden. Im Winterhalbjahr lohnt sich auch ein Gang entlang der Tromper Wiek, denn dann stellen sich an der offenen Küste nordische Seetaucher ein, und Eis-, Trauer-, Samt- oder Eiderenten sind keine Seltenheiten.

Die Schaabe ist weitgehend mit Kiefernwald bedeckt. Zur Boddenseite hin finden sich auch Birkenbestände und Verlandungszonen mit Röhrichtbeständen.

Sanddorn im Winter

Schnepfenvögel *(Limikolen)*

Um es vorweg zu sagen: Die riesigen Scharen rastender Schnepfenvögel wie Austernfischer, Knutts oder Alpenstrandläufer, wie sie im Nordseewatt zu den Zugzeiten zu erleben sind, werden auf Rügen und Hiddensee nicht erreicht, und der eine oder andere vogelkundlich interessierte Tourist mag ein wenig enttäuscht sein, wenn sich die Zahl der durchziehenden Limikolen in Grenzen hält. Trotzdem kommt der Vogelfreund zumindest im Vergleich mit den Binnengewässern auf seine Kosten. Denn auf Rügen und Hiddensee ist so ziemlich alles an Limikolenarten nachgewiesen, was im wesentlichen nachgewiesen werden kann. Aber den Urlauber werden meist nicht die Raritäten interessieren, sondern die Arten, die er mit Sicherheit trifft. Die Bestimmung der Schnepfenvogelarten, besonders in den Schlichtkleidern außerhalb der Brutzeit kann recht schwierig sein, so daß die Mitführung eines guten Vogelbestimmungsbuches und eines leistungsstarken Fernglases zu empfehlen ist.

Nur einige wenige Arten sind für den Laien ohne Übung und sicher zu bestimmen. Zehn besonders auffällige und attraktive Arten seien hier genannt:

1. Austernfischer *(Haematopus ostralegus):* Eine nicht zu verwechselnde Limikolenart mit markant schwarz-weißem Gefieder und geradem, relativ kräftigem roten Schnabel. Als Brutvogel in den meisten Seevogelschutzgebieten. Zieht in kleinen Trupps auch durch.

Bekassine (Schnepfe) im Gegenlicht

2

3   4

1
2
3

Seite 94:
1 Regenbrachvogel
2 Austernfischer
3 Sandregenpfeifer
4 Dunkler Wasserläufer
Seite 95:
1 Alpenstrandläufer
2 Säbelschnäbler
3 Kiebitzregenpfeifer

2. Kiebitz *(Vanellus vanellus):*
Spärlicher Brutvogel auf Wiesen und Weiden, manchmal auch auf bewirtschafteten Äckern. Im März/April und Juni-September manchmal große Schwärme. An dem grünblau schillernden Rückengefieder und der Kopfhaube leicht kenntlich.

3. Sandregenpfeifer *(Charadrius hiaticula):*
Kleine Schnepfenvogelart mit schwarzem Brustband, kurzem Schnabel und ansonsten braun-weißem Gefieder. Benötigt zur Brut Sandflächen (breite Strände). Brutvogel und Durchzügler auf Rügen und Hiddensee.

4. Alpenstrandläufer *(Calidris alpina):*
Häufigster Strandläufer, der zu den Zugzeiten in größeren Schwärmen auftreten kann. Sehr seltener Brutvogel.

5. Kampfläufer *(Philomachus pugnax):*
Eine Art, deren Männchen zur Brutzeit stark im Gefieder variieren. Hat bestimmte „Turnierplätze", auf denen sich die Männchen den Weibchen präsentieren.

6. Rotschenkel *(Tringa totanus):*
Brutvogel auf den meisten Vogelinseln und einigen Wiesengebieten Rügens und Hiddensees. Zieht besonders im April/Mai und September verstärkt durch. Kennzeichnend sind die langen, orangeroten Beine und der relativ kurze, schwarz-rote Schnabel.

7. Säbelschnäbler *(Recurvirostra avosetta):*
Die wohl schönste heimische Limikolenart.

Wegen des langen, nach oben gebogenen Schnabels kaum zu verwechseln. Das Gefieder ist schwarz-weiß. Brutvogel in einigen Schutzgebieten der Inseln.

8. Großer Brachvogel *(Numenius arquata):*
Auch der Brachvogel hat einen langen Schnabel, der aber kräftig nach unten gebogen ist. Besonders im August und September ist der Durchzug dieser Art auf Rügen und Hiddensee ziemlich stark.

9. Bekassine *(Gallinago gallinago):*
Auf den meisten Feuchtwiesen Rügens und Hiddensees trifft man, ob brütend oder auf dem Durchzug, Bekassinen an. Bemerkbar machen sie sich erst, wenn sie im Zickzack auffliegen.

10. Waldschnepfe *(Scolopax rusticola):*
Daß ich diese Art hier erwähne, hat subjektive Gründe, denn nie wieder habe ich so einen starken „Schnepfenstrich", den Durchzug der Waldschnepfe erlebt, wie an einigen Frühjahrstagen in den siebziger Jahren in den Wäldern der Stubnitz. Die Art ist mit Sicherheit auch Brutvogel der Rügenschen Wälder.

Weitere Limikolen, die mit ziemlicher Sicherheit oder auch mit etwas Glück bei einem längeren Aufenthalt auf Rügen und Hiddensee zu erleben sind:

Kiebitzregenpfeifer, Flußregenpfeifer, Seeregenpfeifer, Steinwälzer, Sichelstrandläufer, Zwergstrandläufer, Temminckstrandläufer, Knutt, Meerstrandläufer, Sanderling, Sumpfläufer, Dunkler Wasserläufer, Grünschenkel, Waldwasserläufer, Bruchwasserläufer, Flußuferläufer, Odinshühnchen, Uferschnepfe, Pfuhlschnepfe, Regenbrachvogel.

Großer Brachvogel

Schoritzer Wiek

Einer der bedeutendsten Rastplätze für nordische Entenarten ist die Schoritzer Wiek im Norden der Halbinsel Zudar. Das 437 ha große Naturschutzgebiet hat auch zur Erhaltung von Salzwiesen und als Brutplatz einiger Schnepfenvogelarten Bedeutung. Die Küste zum Greifswalder Bodden hin säumen Brackwasserröhrichte.

gewässern von Rügen und Hiddensee die meisten Zwergschwäne rastend.
Am besten sind die drei Schwanenarten am Schnabel zu unterscheiden: Beim Höckerschwan ist der Schnabel orangefarben (mit schwarzem Höcker). Die beiden anderen Arten haben schwarze Schnäbel, wobei beim Singschwan ein gelbes Feld an der Schnabelwurzel ausgedehnter ist als beim Zwergschwan.

Schwäne

Drei Arten von wilden Schwänen sind auf Rügen und Hiddensee zu beobachten. Höckerschwan (Cygnus olor), Singschwan (Cygnus cygnus) und Zwergschwan (Cygnus columbianus).
Über den Höckerschwan müssen nicht viele Worte verloren werden. Diese Art ist als Brutvogel auf den Inseln ebenso häufig wie im übrigen Mecklenburg-Vorpommern. Beachtlich sind die Höckerschwanen-Ansammlungen, die sich in strengen Wintern auf den noch offenen Küstengewässern finden.
Der Singschwan zieht an der Küste regelmäßig durch, und es kommt auch zu Überwinterungen. Die Boddengewässer mit reichlicher Vegetation ziehen, solange die Gewässer eisfrei bleiben, auch die Singschwäne eher an als die offene See. Die meisten Singschwäne sind zwischen Oktober und März auf den rügenschen Gewässern zu beobachten.
Wesentlich seltener als die beiden genannten Arten ist der Zwergschwan zu sehen. Ende Oktober bis Mitte November und Ende März bis Mitte April sind auf den Bodden-

Seeschwalben

Mit den heimischen Schwalben (Rauch-Mehl- und Uferschwalbe) haben die Seeschwalben nicht viel gemeinsam, außer die schlanke Gestalt und das schnittige Flugbild. Von den Möwen, mit denen sie das weiße Gefieder gemeinsam haben, sind sie leicht durch den tief gegabelten Schwanz zu unterscheiden (bei den Möwen ist der Schwanz immer abgerundet).

Welche Seeschwalbenarten sind auf Rügen und Hiddensee zu erwarten:
1. Flußseeschwalbe (*Sterna hirundo*):
Diese Seeschwalbenart ist nicht an die Küste gebunden und kommt auch an Gewässern des Binnenlandes vor. Doch brüten auch auf den Seevogelinseln Rügens Flußseeschwalben, und besonders an den Boddenküsten sind nicht selten nahrungssuchende Flußseeschwalben zu beobachten. Von den sehr ähnlichen Küstenseeschwalben unterscheiden sie sich durch die Schwarzfärbung der Schnabelspitze.
2. Küstenseeschwalbe (*Sterna parasidea*):
Bei der Küstenseeschwalbe, die stärker an das Meer gebunden ist als die sehr ähnliche

Flußseeschwalbe, ist bestes Erkennungsmerkmal der bis zur Spitze rotgefärbte Schnabel (ohne schwarz).

Im vorigen Jahrhundert war die Küstenseeschwalbe Brutvogel auf Rügen und Hiddensee (vielleicht auch in den fünfziger Jahren, DOST, 1959). Heute zieht die Art regelmäßig durch.

3. Lachseeschwalbe (*Gelochelidon nilotica*): Auch diese Seeschwalbenart war noch im vorigen Jahrhundert Brutvogel auf Rügen und Hiddensee!

Danach war sie nur noch sehr unregelmäßiger Gastvogel, und die Wahrscheinlichkeit, auf Rügen eine Lachseeschwalbe zu beobachten, ist sehr gering.

4. Raubseeschwalbe (*Hydroprogne caspia*): Die größte und prächtigste der heimischen Seeschwalbenarten. Besondere Kennzeichen sind der große, leuchtend rote Schnabel und der rauhe Ruf. Die Raubseeschwalbe ist sporadischer und seltener Brutvogel in Seevogelschutzgebieten Rügens.

Auf dem Durchzug ist diese Art häufiger zu beobachten, so daß die Chancen besonders im Juli und August gut sind, diese Art zu sehen.

5. Zwergseeschwalbe (*Sterna albifrons*): Die Zwergseeschwalbe ist die Kleinste der Seeschwalbenarten. Kennzeichen sind neben der geringen Größe, der gelbe Schnabel und die weiße Stirn. Obwohl die Zwergseeschwalbe auf Rügen und Hiddensee einige Brutplätze besitzt, ist sie insgesamt eine seltene Brutvogelart.

Doch wird die Brutpopulation im Sommer durch ziehende Vögel der Art verstärkt, so daß der Vogelbeobachter auf Rügen sicher auch diese Art erleben kann.

6. Brandseeschwalbe (*Sterna sandvicensis*): Der schwarze Schnabel mit gelber Spitze und die schwarze Kopfplatte kennzeichnen die Brandseeschwalbe. Die Brandseeschwalbe ist eine recht unstete Art, die auf Störungen am Brutplatz empfindlich reagiert. Relativ regelmäßig ist der Brutplatz auf der Seevogelinsel Heuwiese besetzt (Anlanden nicht gestattet!). Die Art ist nicht selten an den Außenküsten Rügens beim Fischfang zu beobachten.

7. Trauerseeschwalbe (*Chlidonias niger*): Die einzige dunkle, zur Brutzeit fast schwarze, Seeschwalbe. Brütet sporadisch in wenigen Paaren auf Rügen. Ist auf dem Durchzug mit etwas Glück zu beobachten.

Weißflügelseeschwalbe und Weißbartseeschwalbe sind als weitere Seeschwalbenarten sehr seltene Irrgäste auf Rügen und Hiddensee.

Singvögel

Rügen und Hiddensee besitzen reich strukturierte Landschaften, so daß hier die gesamte Palette heimischer Singvogelarten, die an dieser Stelle natürlich nicht alle aufgezählt werden können, vorkommen.

Einige besonders interessante Arten sind beispielsweise:

Der **Grüne Laubsänger** (*Phylloscopus trochiloides*)

Diese östliche Laubsängerart ist eine besondere Seltenheit der Inseln Rügen und Hiddensee. Die Art, die hier die Westgrenze ihrer Verbreitung hat, wurde auf Rügen besonders häufig nachgewiesen und brütet in einzelnen Paaren mit ziemlicher Sicherheit z. B. in der Stubnitz.

2

Der **Rotkehlpieper** (*Anthus cervinus*) wird als seltener Durchzügler sicher oft übersehen.

Auf Rügen und Hiddensee sind besonders im Mai und September die Chancen nicht gering, einen Rotkehlpieper zu sehen.

Die **Beutelmeise** (*Remiz pendulinus*) fällt durch ihre kunstvollen Nestbauten, die an Birken- oder Weidenzweigen hängen, auf. In Mecklenburg-Vorpommern ist in den letzten Jahren ein Ansteigen der Brutpaarzahl zu beobachten. Leider kommt es besonders in den Touristengebieten nicht selten vor, daß durch Neugierige das attraktive Nest noch vor Beendigung der Brutzeit heruntergerissen wird. Das sollten wir natürlich unter allen Umständen verhindern, und es ist manchmal günstiger, wenn das „Fundgeheimnis" ein Weilchen bewahrt wird.

Der **Karmingimpel** (*Carpodacus erythrinus*) hat sein Brutgebiet in den letzten Jahrzehnten von Osteuropa aus beträchtlich nach Osten ausgeweitet, so daß auch Rügen und Hiddensee inzwischen von dieser Art besiedelt werden.

In Küstennähe ist mancherorts die Brutdichte besonders hoch. Das Nest legt der Karmingimpel im Gebüsch, oft am Wasser, an.

Seite 100:   1 Raubseeschwalben (links Jungvogel)
2 Brandseeschwalbe
3 Zwergseeschwalbe

Beutelmeise baut am Nest

Karmingimpel (Männchen)

Stranddistel

Die ehemals großen Bestände der Stranddistel (Eryngium maritimum) sind auf Rügen und Hiddensee auf Restbestände
zusammengeschmolzen. Leider werden die
attraktiven Pflanzen noch immer, trotz des
Naturschutzstatus, für Trockensträuße gepflückt. Auf Hiddensee, den Halbinseln
Wittow und auf Zudar sind Stranddisteln
am ehsten zu erleben.

Udarser Wiek

Das 845 ha große Naturschutzgebiet im
Norden der Insel Ummanz ist Bestandteil
des Nationalparks „Vorpommersche Boddenlandschaft".

Das flache Gewässer ist ein bedeutender
Schlafplatz für Kraniche. Der Aufenthalt
und die Anzahl der sich am Abend einstel-
lenden Kraniche ist allerdings stark abhän-
gig von den Wasserständen (Wind-
verhältnisse). Auch als Rastplatz für Enten
und nordische Gänse sowie Graugänse hat
die Udarser Wiek herausragende Bedeutung. Die Wiek wird von einem schmalen
Röhricht bzw. Salzgrünlandstrei-fen gesäumt.

Leider sind die ehemals für Limikolen
bedeutsamen Salzwiesen auf Ummanz
durch Deichbauten nur noch in Resten vorhanden.

Udarser Wiek

Ummanz

Diese 19,7 Quadratkilometer große Insel vor der Westküste Rügens ist schon seit 1901 durch eine Brücke mit Rügen verbunden. Leider sind große Teile der flachen Insel eingedeicht, so daß nur noch wenig naturnahe Flächen erhalten sind, so an der Udarser Wiek (NSG) und an der Südspitze der Insel, Freesenort (NSG). Im Zentrum der Insel sind Forstflächen vorhanden. Naturfreunde sind auf einem idyllisch gelegenen Campingplatz bei Suhrendorf gut aufgehoben. Bei günstigem Standort kann der Blick vom Zelt oder Wohnmobil nach Hiddensee genossen werden. Vogelfreunde werden vor allem zur Zugzeit auf ihre Kosten kommen, da dann mit ziemlicher Sicherheit auf Ummanz rastende Kraniche zu beobachten sind. Sie suchen im Herbst besonders gern die abgeernteten Maisäcker auf.

In den Flachwasserbereichen der Udarser Wieck befindet sich einer der bedeutensten Kranichschlafplätze der Ostseeküste.

Fotofreunde werden zu Fuß die Brücke zwischen Waase und Mursewiek aufsuchen, da sich hier malerische Motive und Blicke auf die Inseln Liebes und Mähres ergeben. Die zwischen Ummanz und Rügen gelegenen Inseln sind Vogelschutzgebiete und dürfen nicht betreten werden.

Sie und Teile von Ummanz gehören zum „Nationalpark Vorpommersche Boddenlandschaft".

Südspitze Hiddensee und Vierendehlgrund (zu S. 104)

Vierendehlgrund

Als Vierendehlgrund wird die südliche, meist überspülte Fortsetzung der Insel Hiddensee bezeichnet, die etwa 9 Quadratkilometer ausmacht. Sie wird östlich von der nur etwa 3 m tiefen Fahrrinne zwischen Stralsund und Hiddensee begrenzt. Diese Untiefe bildet im Winterhalbjahr bei Eisfreiheit ein wichtiges Rastgebiet für Schwäne, Kanadagänse und Schwimmenten. Bei normalen Wasserständen ist eine Wassertiefe von durchschnittlich 50 cm vorhanden, so daß die Wasservögel gut zum Nahrungserwerb an die submerse Flora herankommen. Für manche Arten scheint der Vierendehlgrund aber nur als geschützter Tagesrastplätze in Frage zu kommen. SCHILDMACHER (1972) gab einen Überblick zum Rastgeschehen auf dem Vierendehlgrund.

Die Vogelwelt des Vierendehlgrundes kann leicht auf der Schiffsfahrt von Stralsund zur Insel Hiddensee oder zurück erlebt werden. Oftmals sind im Winter hier auch auf dem Eis sitzende Seeadler zu entdecken, und verschiedene Möwenarten folgen dem Schiff. Der Vierendehlgrund ist Bestandteil der Kernzone des Nationalparks „Vorpommersche Boddenlandschaft".

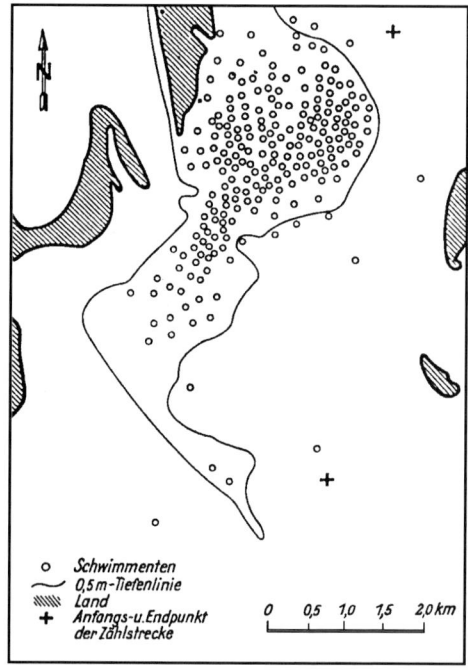

Verteilung der Schwäne und Kanadagänse (Karte links) und der Schwimmenten (Karte rechts) im Bereich des Vierendehlgrundes, der zumeist völlig überspülten südlichen Fortsetzung der Insel Hiddensee

(Graphik SCHILDMACHER 1972)

Seite 105:
Blick vom Jagdschloß Granitz zur Insel Vilm

Vilm

Die Insel Vilm ist schon seit 1936 Naturschutzgebiet; hier wurde im Oktober 1990
eine „Internationale Naturschutzakademie"
als eine Außenstelle der Bundesforschungs-
anstalt für Naturschutz und Landschafts-
ökologie eröffnet, deren Mitarbeiter neben
Forschungsaufgaben vorrangig Lehrtätig-
keit und Informationsaustausch im Umwelt-
und Naturschutz zu absolvieren haben.

Die 94 ha große Insel ist weitgehend von
alten, sehr wertvollem Buchenwald bedeckt,
der einige Jahrhunderte nicht forstlich genutzt war, so daß viele der Buchen ein Alter
von 250 bis 300 Jahren aufweisen.
Daneben sind alte, bizarr geformte Eichen
eine Augenweide für den Besucher. Reich
ist die Tier- und Pflanzenwelt. Viele Entenarten, Säger, Schwäne und Gänse rasten zu
den Zugzeiten auf den Wasserflächen um
die Insel.

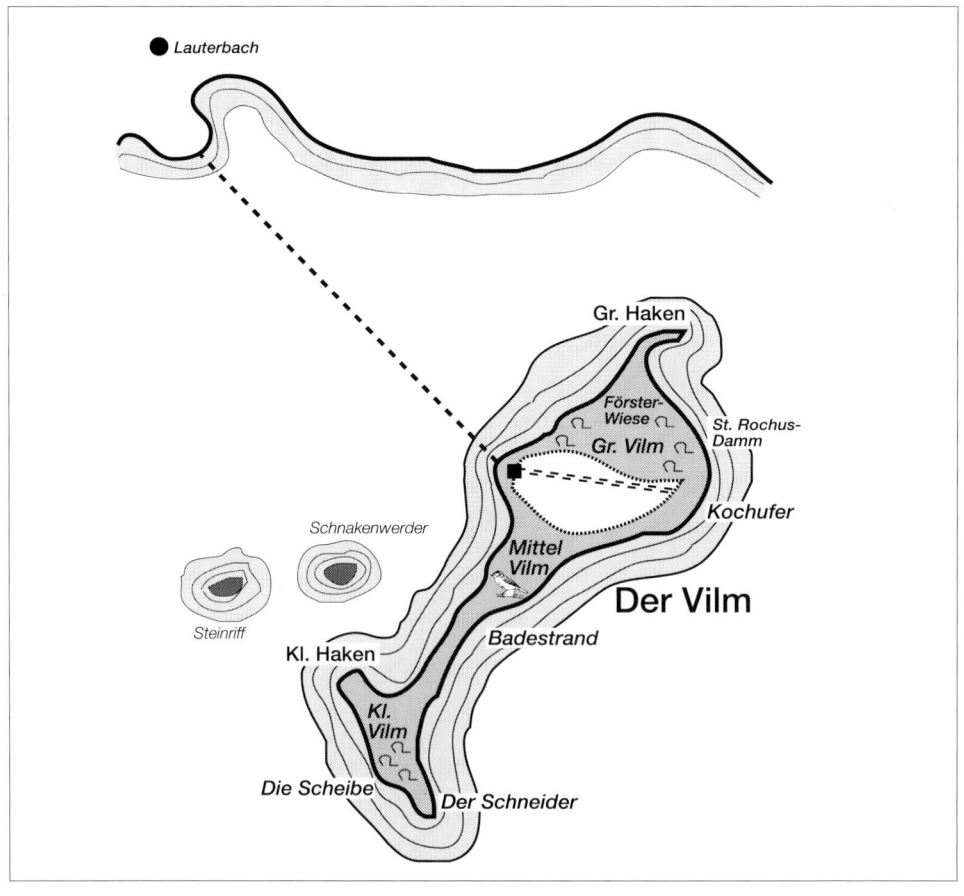

Vogelzug

Die Zugwege vieler Vögel aus dem nord-
östlichen Europa führen entlang der Küsten-
linie oder direkt über die Ostsee an den
Küsten Rügens und Hiddensees entlang.
Die beiden Inseln haben daher nicht nur als
Durchzugs- und Rastorte für Gänse und
Kraniche, sondern auch für eine große Zahl
von Kleinvögeln herausragende Bedeutung.
Nicht umsonst wurde als Standort für die
Beringungszentrale der ehemaligen DDR
Kloster auf Hiddensee gewählt, und die
Mitarbeiter der „Vogelwarte Hiddensee" fin-
gen an manchen Tagen im Herbst etliche
Tausend Kleinvögel in ihren Netzen.
Der Herbstvogelzug tritt auf den Inseln viel
deutlicher in Erscheinung als der Frühjahrs-
zug.
Besonders im September und Oktober fal-
len die Scharen ziehender oder rastender
Kleinvögel auf. RAUTENBERG (1956) nennt
im wesentlichen zwei Zugwege des Herbst-
zuges: Arkona-Küstenlinie-Dranske-Bug-
Enddorn (Hiddensee) sowie Arkona-
Südspitze Bug-Seehof-Ostküste Hiddensee.
Eine dritte Zuglinie verläuft quer über die
Insel Rügen, von Arkona aus, über Alten-
kirchen, Wittower Fähre, Trent, Insel
Ummanz, der Insel Heuwiese zum Festland.
Letztere betrifft vor allem die Kraniche, die Krähen, Ringeltauben und Kiebitze.
Auch die Schaabe, die schmale Nehrung
zwischen Juliusruh und Glowe ist für Kü-
stenzieher von Bedeutung und verspricht
für den Beobachter zu den Zugzeiten loh-
nende Ergebnisse.
Das Kap Arkona ist an schönen Frühlings-
tagen besonders geeignet zur Beobachtung
der nordwärts ziehenden Greifvögel.

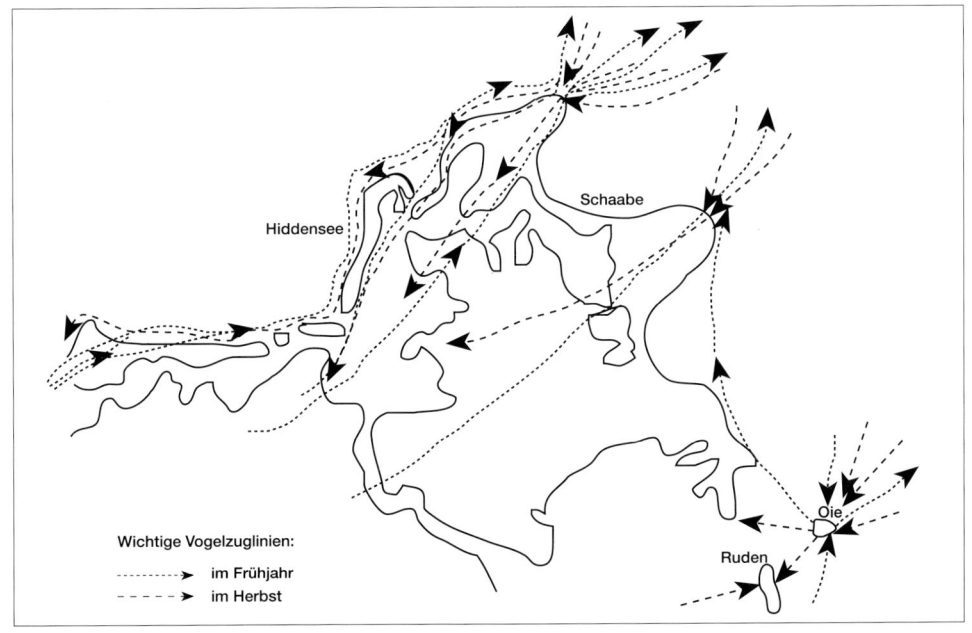

Hiddensee

Schaabe

Oie

Ruden

Wichtige Vogelzuglinien:

········▶   im Frühjahr

- - - - ▶   im Herbst

Wildgatter, Wildtiere

Ein sehenswertes Wildgatter befindet sich in Putbus.
Es werden Rotwild und Damwild gehalten. Die Tiere sind durch Gräben und einen niedrigen Zaun von den Besuchern abgegrenzt, so daß das Beobachten und Fotografieren sehr günstig möglich ist. Besonders empfehlenswert: ein Besuch zur Brunftzeit des Rotwildes im September und des Damwildes im Oktober/November. Dann wird der Fotofreund schnell zum Farbfilm greifen, wenn die niedrigen Herbsttemperaturen den Atem der rufenden Hirsche unter dem goldfarbenen Laub der Buchen sichtbar machen.
Natürlich sind die Schalenwildarten auch in freier Natur auf der Insel Rügen zu beobachten. Selbst nach Hiddensee verirrt sich hin und wieder ein Rothirsch.
Füchse sind das große Problem in den Seevogelschutzgebieten. Besonders auf dem Bessin (Hiddensee) haben die Füchse inmitten der ausgedehnten Sanddornbestände gute Versteckmöglichkeiten, und es ist schwer, sie kurzzuhalten.
Auch die große Kaninchenpopulation auf dem Hochland der Insel Hiddensee macht nicht reine Freude, da sie beträchtliche Schäden an der Vegetation anrichten. Hin und wieder wird der Bestand durch die Kaninchenseuche Myxomytose dezimiert. Erwähnenswert ist das Vorkommen von Siebenschläfer und Fischotter auf Rügen. Von den Fledermausarten sind beispielsweise Breitflügelfledermaus und Zwergfledermaus nachgewiesen.

Damwild im Gatter Putbus

Zudar

Die Halbinsel Zudar im Süden der Insel Rügen ist ein sehr empfehlenswertes Ziel für Vogelfreunde. Eine Rundwanderung um die Insel bietet die verschiedensten Beobachtungsmöglichkeiten. Im Frühjahr sind es die brütenden Schnepfenvogelarten der Salzwiesen und die große Kormorankolonie auf der Insel Tollow, die vom gegenüberliegenden Ufer sehr schön zu erleben ist, und im Winterhalbjahr sind viele Gewässerabschnitte an der Zudar-Küste voller rastender Wasservögel.

Besonders in der Schoritzer Wiek (NSG) können Tausende nordischer Säger und Enten rasten. Die westlichste Spitze Zudars bildet der „Glewitzer Vogelhaken", ein Vogelschutzgebiet, das zur Brutzeit nicht betreten werden darf.

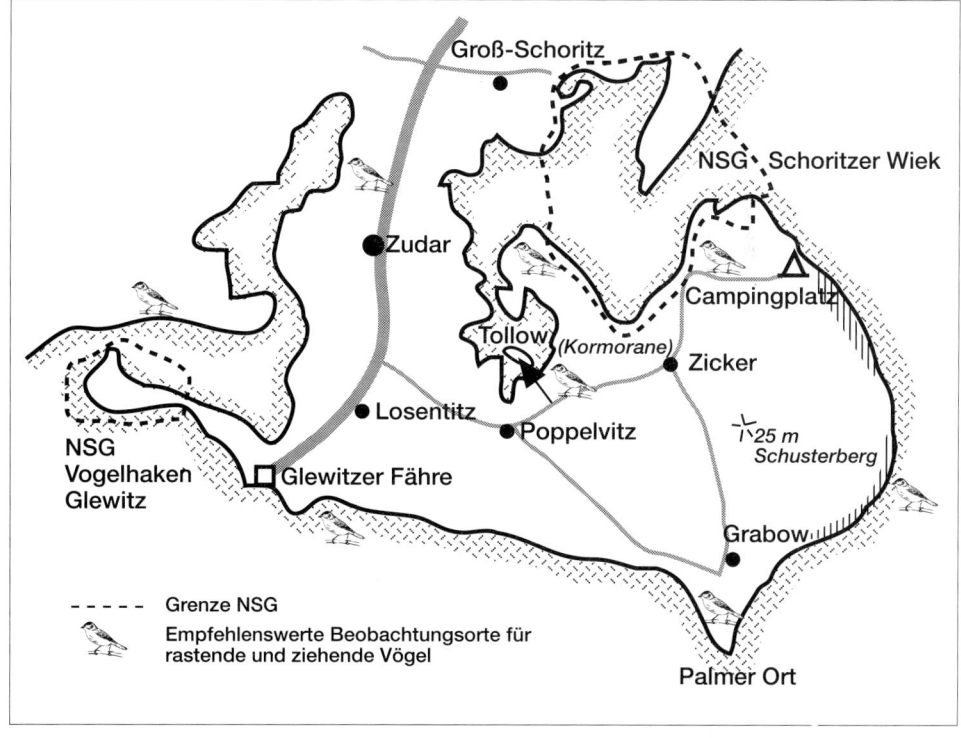

- - - - - Grenze NSG

Empfehlenswerte Beobachtungsorte für rastende und ziehende Vögel

Verzeichnis der Vogelarten der Inseln Rügen und Hiddensee (Kreis Rügen)

Die nachfolgende Liste, von H. Dittberner erarbeitet, berücksichtigt alle sicher nachgewiesenen Vogelarten. Einige, mit Sicherheit aus der Gefangenschaft entwichene Arten (z. B. Chile-Flamingo) und einige Irrgäste und zweifelhafte Beobachtungen (z. B. Blaumerle) wurden weggelassen (E. H.). Nähere Angaben zu den einzelnen Arten sind nachzulesen bei DITTBERNER/HOYER „Vogelwelt der Inseln Rügen und Hiddensee", Galenbeck, 1993.

1. **Prachttaucher** *(Gavia arctica)* - mäßig zahlreicher Durchzügler, Sommer- und Wintergast; vorwiegend an den Außenküsten von Rügen und Hiddensee.
2. **Eistaucher** *(Gavia immer)* - Gastvogel in sehr geringer Anzahl.
3. **Gelbschnabel-Eistaucher** *(Gavia adamsii)* - Ausnahmeerscheinung.
4. **Sterntaucher** *(Gavia stellata)* - in geringer Zahl Durchzügler, unregelmäßiger Sommer- und Wintergast.
5. **Haubentaucher** *(Podiceps cristatus)* - spärlicher Brutvogel, mäßig zahlreicher Durchzügler und in geringer Zahl Wintergast.
6. **Rothalstaucher** *(Podiceps griseigena)* - seltener Brutvogel, in geringer Zahl Durchzügler, einzelner Wintergast.
7. **Ohrentaucher** *(Podiceps auritus)* - Durchzügler in geringer Zahl.
8. **Schwarzhalstaucher** *(Podiceps nigricollis)* - ehemaliger Brutvogel, in sehr geringer Anzahl Durchzügler.
9. **Zwergtaucher** *(Podiceps ruficollis)* - spärlicher Brutvogel únd in geringer Anzahl Durchzügler.
10. **Wellenläufer** *(Oceanodroma leucorhoa)* - Ausnahmeerscheinung im Hiddenseer Raum.
11. **Schwarzschnabelsturmtaucher** *(Puffinus puffinus)* - Ausnahmeerscheinung.
12. **Sturmschwalbe** *(Hydrobates pelagicus)* - Ausnahmeerscheinung.
13. **Eissturmvogel** *(Fulmarus glacialis)* - gelegentlicher Gastvogel.
14. **Baßtölpel** *(Sula bassana)* - gelegentlicher Gastvogel.
15. **Kormoran** *(Phalacrocorax carbo)*: Koloniebrüter in Vogelschutzgebieten Rügens, zahlreicher Durchzügler, als Wintergast seltener.
16. **Graureiher** *(Ardea cinerea)* - unregelmäßiger Brutvogel, mäßig zahlreicher Durchzügler und im Winter in geringer Zahl vorkommend.
17. **Purpurreiher** *(Ardea purpurea)* - Ausnahmeerscheinung.
18. **Silberreiher** *(Casmerodius albus)* - gelegentlicher Gastvogel.
19. **Seidenreiher** *(Egretta garzetta)* - Ausnahmeerscheinung.
20. **Rallenreiher** *(Ardeola ralloides)* - Ausnahmeerscheinung.
21. **Zwergrohrdommel** *(Ixobrychus minutus)* - ehemaliger Brutvogel, sehr seltener Durchzügler.
22. **Große Rohrdommel** *(Botaurus stellaris)*: unregelmäßiger Brutvogel (im Bestand abgenommen), sehr seltener Durchzügler.
23. **Weißstorch** *(Ciconia ciconia)* - spärlicher Brutvogel und Durchzügler.
24. **Schwarzstorch** *(Ciconia nigra)* - unregelmäßiger Durchzügler.
25. **Löffler** *(Platalea leucorodia)* - gelegentlicher Gastvogel.
26. **Rosaflamingo** *(Phoenicopterus ruber)* - Gefangenschaftsflüchtling (immer?); gelegentlicher Gastvogel.
27. **Höckerschwan** *(Cygnus olor)* - mäßig häufiger Brutvogel und zahlreicher Gastvogel; auf Boddengewässern und gelegentlich auf der Ostsee auffällige Rastverbände.
28. **Singschwan** *(Cygnus cygnus)* - regelmäßiger Durchzügler und Wintergast, gelegentlich im Sommer.
29. **Zwergschwan** *(Cygnus columbianus)* - regelmäßiger, weniger zahlreicher Durchzügler und in geringer Zahl Wintergast.
30. **Saatgans** *(Anser fabalis)* - mäßig zahlreicher Durchzügler, in geringer Zahl Wintergast, gelegentlich im Sommer.

31. **Kurzschnabelgans** *(Anser brachyrhynchus)* - im Winterhalbjahr in sehr geringer Anzahl vorkommend.
32. **Bleßgans** *(Anser albifrons)* - sehr zahlreicher Durchzügler, als Überwinterer in geringer Zahl, fast regelmäßig, meist einzeln im Sommer.
33. **Zwerggans** *(Anser erythropus)* - gelegentlicher Gastvogel.
34. **Graugans** *(Anser anser)* - regelmäßiger Brutvogel, zahlreicher Durchzügler zur Sommer-/Herbstzeit, selten im Winter.
35. **Streifengans** *(Anser indicus)* - Gefangenschaftsflüchtling; in sehr geringer Anzahl.
36. **Schneegans** *(Anser caerulescens)* - unregelmäßiger Gastvogel (überwiegend offenbar aus Einbürgerungsversuchen stammend).
37. **Kanadagans** *(Branta canadensis)* - unregelmäßiger Brutvogel, zahlreicher Durchzügler und Wintergast (Westrügen und Hiddensee).
38. **Weißwangengans** *(Branta leucopsis)* - mäßig zahlreicher Durchzügler (vorwiegend im Herbst); gelegentlich im Sommer.
39. **Ringelgans** *(Branta bernicla)* - mäßig zahlreicher Durchzügler; überwiegend auf Hiddensee gelegentlich im Sommer.
40. **Rothalsgans** *(Branta ruficollis)* - unregelmäßiger Gastvogel.
41. **Rostgans** *(Tadorna ferruginea)* - Gefangenschaftsflüchtling; gelegentlicher Gastvogel.

Mantelmöwen bei Lietzow

42. **Brandgans** *(Tadorna tadorna)* - Spärlicher Brutvogel (überwiegend auf den Vogelschutzinseln), mäßig zahlreicher Durchzügler und im Winter meist selten.
43. **Pfeifente** *(Anas penelope)* - unregelmäßiger Brutvogel, zahlreicher Durchzügler mit Überwinterungstendenzen.
44. **Schnatterente** *(Anas strepera)* - regelmäßiger Brutvogel, mäßig zahlreicher Durchzügler.
45. **Krickente** *(Anas crecca)* - regelmäßiger Brutvogel (Vogelschutzinseln) und zahlreicher Durchzügler.
46. **Stockente** *(Anas platyrhynchos)* - häufiger Brutvogel, sehr zahlreicher Durchzügler und Wintergast.
47. **Spießente** *(Anas acuta)* - unregelmäßiger Brutvogel, mäßig zahlreicher Durchzügler.
48. **Knäckente** *(Anas querquedula)* - seltener Brutvogel, in geringer Zahl Durchzügler.
49. **Löffelente** *(Anas clypeata)* - spärlicher Brutvogel, mäßig zahlreicher Durchzügler.
50. **Kolbenente** *(Netta rufina)* - unregelmäßiger Gastvogel.
51. **Tafelente** *(Aythya ferina)* - Brutvogel, sehr zahlreicher Durchzügler, im Winter bedeutend geringer.
52. **Moorente** *(Aythya nyroca)* - unregelmäßiger Gastvogel.
53. **Reiherente** *(Aythya fuligula)* - spärlicher Brutvogel, sehr zahlreicher Durchzügler und Wintergast.
54. **Bergente** *(Aythya marila)* - sehr zahlreicher Gastvogel im Winterhalbjahr; regelmäßig in sehr geringer Anzahl im Sommer.
55. **Eiderente** *(Somateria mollissima)* - zahlreicher Gastvogel im Winterhalbjahr; regelmäßig in den Sommermonaten vorkommend.
56. **Prachteiderente** *(Somateria spectabilis)* - Ausnahmeerscheinung.
57. **Scheckente** *(Polysticta stelleri)* - in sehr geringer Anzahl fast regelmäßig erscheinend.
58. **Kragenente** *(Histrionicus histrionicus)* - Ausnahmeerscheinung.
59. **Eisente** *(Clangula hyemalis)* - sehr zahlreicher Durchzügler und Wintergast, regelmäßig im Sommer vorkommend.
60. **Trauerente** *(Melanitta nigra)* - sehr zahlreich während des Mauserzuges im Sommer, regelmäßiger Durchzügler und Wintergast.
61. **Samtente** *(Melanitta fusca)* - stark wechselnd in der Anzahl als Durchzügler und Wintergast, unregelmäßig in sehr geringer Anzahl im Sommer.
62. **Spatelente** *(Bucephala islandica)* - Ausnahmeerscheinung (Hiddensee).
63. **Schellente** *(Bucephala clangula)* - zahlreicher Durchzügler und Wintergast, mäßig zahlreich übersommernd.
64. **Zwergsäger** *(Mergus albellus)* - mäßig zahlreicher Wintergast.
65. **Mittelsäger** *(Mergus serrator)* - mäßig häufiger Brutvogel (überwiegend Vogelschutzinseln). zahlreicher Durchzügler und in geringerer Anzahl im Winter.
66. **Gänsesäger** *(Mergus merganser)* - spärlicher Brutvogel, zahlreicher Durchzügler und Wintergast.
67. **Mönchsgeier** *(Aegypius monachus)* - Ausnahmeerscheinung.
68. **Steinadler** *(Aquila chrysaetos)* - ehemaliger Brutvogel, unregelmäßiger Durchzügler und Gastvogel.
69. **Schelladler** *(Aquila clanga)* - Ausnahmeerscheinung.
70. **Schreiadler** *(Aquila pomarina)* - unregelmäßiger Gastvogel.
71. **Mäusebussard** *(Buteo buteo)* - verbreiteter Brutvogel, regelmäßiger Durchzügler und Wintergast.
72. **Rauhfußbussard** *(Buteo lagopus)* - mäßig zahlreicher Durchzügler, in geringer Zahl Wintergast.
73. **Sperber** *(Accipiter nisus)* - als Brutvogel nur noch unregelmäßig vorkommend; mäßig zahlreicher Durchzügler und in geringer Anzahl im Winter.
74. **Habicht** *(Accipiter gentilis)* - Brutvogel, in geringer Zahl Durchzügler.
75. **Roter Milan** *(Milvus milvus)* - Brutvogel, Durchzügler und in sehr geringer Anzahl Wintergast.
76. **Schwarzer Milan** *(Milvus migrans)* - unregelmäßiger Brutvogel, in sehr geringer Anzahl Durchzügler.
77. **Seeadler** *(Haliaeetus albicilla)* - Brutvogel, in Kältewintern Ansammlungen zwischen Rügen und Hiddensee.

Kormorankolonie auf Tollow

78. **Wespenbussard** *(Pernis apivorus)* - Unregelmäßiger/seltener Brutvogel, als Durchzügler gelegentlich konzentriert erscheinend.
79. **Rohrweihe** *(Circus aeruginosus)* - spärlicher Brutvogel, Durchzügler.
80. **Kornweihe** *(Circus cyaneus)* - in geringer Zahl Durchzügler und spärlicher Wintergast.
81. **Steppenweihe** *(Circus macrourus)* - Ausnahmeerscheinung.
82. **Wiesenweihe** *(Circus pygargus)* - in sehr geringer Anzahl Durchzügler.
83. **Schlangenadler** *(Circaetus gallicus)* - ehemaliger Brutvogel, Ausnahmeerscheinung.
84. **Fischadler** *(Pandion haliaetus)* - unregelmäßiger Brutvogel, in geringer Zahl Durchzügler.
85. **Baumfalke** *(Falco subbuteo)* - seltener Brutvogel, in geringer Anzahl Durchzügler.
86. **Wanderfalke** *(Falco peregrinus)* - ehemaliger Brutvogel, in sehr geringer Anzahl Durchzügler.
87. **Gerfalke** *(Falco rusticolus)* - Ausnahmeerscheinung.
88. **Merlinfalke** *(Falco columbarius)* - in sehr geringer Anzahl Durchzügler.
89. **Rotfußfalke** *(Falco vespertinus)* - fast alljährlich als Durchzügler erscheinend; Invasionsgast.
90. **Turmfalke** *(Falco tinnunculus)* - seltener Brutvogel, in geringer Anzahl Durchzügler und Wintergast.
91. **Moorschneehuhn** *(Lagopus lagopus)* - Ausnahmeerscheinung.
92. **Auerhuhn** *(Tetrao urogallus)* - ehemaliger Brutvogel (?).
93. **Rebhuhn** *(Perdix perdix)* - seltener Brutvogel, auf Rügen fast ausgerottet.
94. **Wachtel** *(Coturnix coturnix)* - seltener Brutvogel.
95. **Jagdfasan** *(Phasianus colchicus)* - eingebürgert; unregelmäßiger Brutvogel.
96. **Kranich** *(Grus grus)*- regelmäßiger, auffälliger Durchzügler; Charakterart der Feldgebiete West- und Nord-Rügens.
97. **Wasserralle** *(Rallus aquaticus)* - seltener Brutvogel.
98. **Tüpfelralle** *(Porzana porzana)* - ehemaliger Brutvogel; gelegentlicher Gastvogel (?).
99. **Kleinralle** *(Porzana parva)* - Ausnahmeerscheinung
100. **Wachtelkönig** *(Crex crex)* - unregelmäßiges Vorkommen zur Brut- und Durchzugszeit.
101. **Teichralle** *(Gallinula chloropus)* - spärlicher Brutvogel; mit Abnahmetendenz.
102. **Bleßralle** *(Fulica atra)* - mäßig häufiger Brutvogel, zahlreicher Durchzügler und Wintergast.
103. **Großtrappe** *(Otis tarda)*: Ausnahmeerscheinung, in strengen Wintern.
104. **Zwergtrappe** *(Tetrax tetrax)* - Ausnahmeerscheinung.
105. **Austernfischer** *(Haematopus ostralegus)* - spärlicher Brutvogel, mäßig zahlreicher Durchzügler.
106. **Kiebitz** *(Vanellus vanellus)* - mäßig häufiger Brutvogel, abnehmend durch die Auswirkungen flächendeckender Melioration, zahlreicher Durchzügler.
107. **Sandregenpfeifer** *(Charadrius hiaticula)* - spärlicher Brutvogel, mäßig zahlreicher Durchzügler.
108. **Flußregenpfeifer** *(Charadrius dubius)* - seltener Brutvogel.
109. **Seeregenpfeifer** *(Charadrius alexandrinus)* - unregelmäßiger Brutvogel (Hiddensee), in sehr geringer Anzahl rastend.
110. **Mornellregenpfeifer** *(Eudromias morinellus)* - unregelmäßiger Durchzügler.
111. **Kiebitzregenpfeifer** *(Pluvialis squatarola)* - mäßig zahlreicher Durchzügler.
112. **Goldregenpfeifer** *(Pluvialis apricaria)* - zur Heimzugzeit mäßig zahlreicher, zur Wegzugzeit sehr zahlreicher Durchzügler.
113. **Steinwälzer** *(Arenaria interpres)* - ehemaliger Brutvogel, in geringer Anzahl Durchzügler.
114. **Bekassine** *(Gallinago gallinago)* - seltener Brutvogel, mäßig zahlreicher Durchzügler.
115. **Doppelschnepfe** *(Gallinago media)* - kein sicherer Nachweis.
116. **Zwergschnepfe** *(Lymnocryptes minimus)* - in geringer Zahl Durchzügler.
117. **Waldschnepfe** *(Scolopax rusticola)* - seltener Brutvogel, mäßig zahlreicher Durchzügler, einzeln im Winter.
118. **Großer Brachvogel** *(Numenius arquata)* - mäßig zahlreicher Durchzügler, unregelmäßig im Winter.
119. **Regenbrachvogel** *(Numenius phaeopus)* - in geringer Zahl Durchzügler.
120. **Uferschnepfe** *(Limosa limosa)* - ehemaliger Brutvogel; heute gelegentlicher Durchzügler.

121. **Pfuhlschnepfe** *(Limosa lapponica)* - mäßig zahlreicher Durchzügler.
122. **Schlammläufer** *(Limnodromus spec.)* - Ausnahmeerscheinung.
123. **Dunkler Wasserläufer** *(Tringa erythropus)* - mäßig zahlreicher Durchzügler.
124. **Rotschenkel** *(Tringa totanus)* - spärlicher Brutvogel, mäßig zahlreicher Durchzügler.
125. **Grünschenkel** *(Tringa nebularia)* - mäßig zahlreicher Durchzügler.
126. **Waldwasserläufer** *(Tringa ochropus)* - unregelmäßiger Brutvogel, in geringer Zahl Durchzügler.
127. **Bruchwasserläufer** *(Tringa glareola)* - mäßig zahlreicher Durchzügler.
128. **Teichwasserläufer** *(Tringa stagnatilis)* - Ausnahmeerscheinung.
129. **Flußuferläufer** *(Tringa hypoleucos)* - mäßig zahlreicher Durchzügler.
130. **Amerikanischer Uferläufer** *(Tringa macularia)* - Ausnahmeerscheinung.
131. **Terekwasserläufer** *(Tringa terek)* - Ausnahmeerscheinung.
132. **Knutt** *(Calidris canutus)* - mäßig zahlreicher Durchzügler; zur Heimzugzeit fast fehlend.
133. **Zwergstrandläufer** *(Calidris minuta)* - mäßig zahlreicher Durchzügler
134. **Temminckstrandläufer** *(Calidris temminckii)* - in geringer Zahl Durchzügler.
135. **Meerstrandläufer** *(Calidris maritima)* - in sehr geringer Anzahl Durchzügler; überwiegend Hiddensee.
136. **Alpenstrandläufer** *(Calidris alpina)* - seltener Brutvogel (Bestand fast aufgerieben); zahlreicher Durchzügler.
137. **Sichelstrandläufer** *(Calidris ferruginea)* - in geringer Zahl Durchzügler.
138. **Sanderling** *(Calidris alba)* - mäßig zahlreicher Durchzügler.
139. **Rotkehlstrandläufer** *(Calidris ruficollis)* - Ausnahmeerscheinung.
140. **Sumpfläufer** *(Limicola falcinellus)* - in sehr geringer Anzahl Durchzügler.
141. **Kampfläufer** *(Philomachus pugnax)* - sehr seltener Brutvogel, durch Meliorationen ist der Brutbestand fast aufgerieben; mäßig zahlreicher Durchzügler.
142. **Säbelschnäbler** *(Recurvirostra avosetta)* - spärlicher Brutvogel, Bestandszunahme; in geringer Zahl Durchzügler.
143. **Stelzenläufer** *(Himantopus himantopus)* - Ausnahmeerscheinung.
144. **Thorswassertreter** *(Phalaropus fulicarius)* - Ausnahmeerscheinung.
145. **Odinswassertreter** *(Phalaropus lobatus)* - in sehr geringer Anzahl Durchzügler.
146. **Triel** *(Burhinus oedicnemus)* - Ausnahmeerscheinung.
147. **Brachschwalbe** *(Glareola spec.)* - Ausnahmeerscheinung.
148. **Skua** *(Stercorarius skua)* - gelegentlicher Gastvogel.
149. **Spatelraubmöwe** *(Stercorarius pomarinus)* - unregelmäßiger Gastvogel.
150. **Schmarotzerraubmöwe** *(Stercorarius parasiticus)* - in sehr geringer Anzahl Durchzügler.
151. **Falkenraubmöwe** *(Stercorarius longicaudus)* - gelegentlicher Gastvogel.
152. **Mantelmöwe** *(Larus marinus)* - unregelmäßiger Brutvogel, mäßig zahlreicher Durchzügler und Wintergast.
153. **Heringsmöwe** *(Larus fuscus)* - seltener Brutvogel, in geringer Zahl Durchzügler.
154. **Silbermöwe** *(Larus argentatus)* - mäßig häufiger Brutvogel, zahlreicher Durchzügler und Wintergast.
155. **Weißkopfmöwe** *(Larus cachinnans)* - seltener/spärlicher Brutvogel, in geringer Zahl Durchzügler; Hybriden L. argentatus/L. cachinnans.
156. **Polarmöwe** *(Larus glaucoides)* - Ausnahmeerscheinung.
157. **Eismöwe** *(Larus hyperboreus)* - Ausnahmeerscheinung.
158. **Sturmmöwe** *(Larus canus)* - mäßig häufiger Brutvogel, zahlreicher Durchzügler und Wintergast.
159. **Schwarzkopfmöwe** *(Larus melanocephalus)* - seltener Brutvogel, in sehr geringer Anzahl Durchzügler.
160. **Lachmöwe** *(Larus ridibundus)* - häufiger Brutvogel, sehr zahlreicher Durchzügler und zahlreicher Wintergast.
161. **Zwergmöwe** *(Larus minutus)* - mäßig bis zahlreicher Durchzügler, in sehr geringer Anzahl Wintergast.

162. **Schwalbenmöwe** *(Xema sabini)* - Ausnahmeerscheinung.
163. **Dreizehenmöwe** *(Rissa tritactyla)* - in (sehr) geringer Anzahl Durchzügler.
164. **Trauerseeschwalbe** *(Chlidonias niger)* - ehemaliger Brutvogel, in geringer Anzahl Durchzügler.
165. **Weißflügelseeschwalbe** *(Chlidonias leucopterus)* - Ausnahmeerscheinung.
166. **Weißbartseeschwalbe** *(Chlidonias hybrida)* - Ausnahmeerscheinung.
167. **Lachseeschwalbe** *(Gelochelidon nilotica)* - ehemaliger Brutvogel, gelegentlicher Gastvogel.
168. **Raubseeschwalbe** *(Hydroprogne caspia)* - unregelmäßiger Brutvogel, in geringer Zahl Durchzügler.
169. **Flußseeschwalbe** *(Sterna hirundo)* - mäßig häufiger Brutvogel, mäßig zahlreicher Durchzügler.
170. **Küstenseeschwalbe** *(Sterna paradisea)* - ehemaliger Brutvogel, seltener (?) Durchzügler.
171. **Zwergseeschwalbe** *(Sterna albifrons)* - spärlicher Brutvogel, in geringer Zahl Durchzügler.
172. **Brandseeschwalbe** *(Sterna sandvicensis)* - mäßig häufiger Brutvogel (Vogelschutzinseln), mäßig zahlreicher Durchzügler.
173. **Tordalk** *(Alca torda)* - in sehr geringer Anzahl Gastvogel.
174. **Krabbentaucher** *(Plautus alle)* - Ausnahmeerscheinung.
175. **Trottellumme** *(Uria aalge)* - in sehr geringer Anzahl Gastvogel.
176. **Gryllteiste** *(cepphus grylle)* - in sehr geringer Anzahl Gastvogel.
177. **Papageitaucher** *(Fratercula arctica)* - Ausnahmeerscheinung.
178. **Steppenhuhn** *(Syrrhaptes paradoxus)* - im vorigen Jahrundert Invasionsgast.
179. **Hohltaube** *(Columba oenas)* - spärlicher Brutvogel, mäßig zahlreicher Durchzügler, in sehr geringer Zahl im Winter.
180. **Ringeltaube** *(Columba palumbus)* - häufiger Brutvogel, sehr zahlreicher Durchzügler, meist in geringer Zahl im Winter.
181. **Turteltaube** *(Streptopelia turtur)* - seltener/unregelmäßiger Brutvogel.
182. **Türkentaube** *(Streptopelia decaocto)* - spärlicher Brutvogel, in geringer Zahl im Winter.
183. **Kuckuck** *(Cuculus canorus)* - verbreiteter „Brutvogel", Durchzügler.
184. **Schleiereule** *(Tyto alba)* - ehemaliger (?) Brutvogel, Einzelfeststellungen im letzten Jahrzehnt.
185. **Uhu** *(Bubo bubo)* - Ausnahmeerscheinung.
186. **Schnee-Eule** *(Nyctea scandiaca)* - Ausnahmeerscheinung.
187. **Sperbereule** *(Surnia ulula)* - Ausnahmeerscheinung.
188. **Sperlingskauz** *(Glaucidium passerinum)* - Ausnahmeerscheinung.
189. **Steinkauz** *(Athene noctua)* - ehemaliger Brutvogel.
190. **Waldkauz** *(Strix aluco)* - spärlicher Brutvogel.
191. **Waldohreule** *(Asio otus)* - seltener bis spärlicher Brutvogel, Durchzügler.
192. **Sumpfohreule** *(Asio flammeus)* - unregelmäßiger Brutvogel, Durchzügler.
193. **Rauhfußkauz** *(Aegolius funereus)* - gelegentlicher Gastvogel.
194. **Ziegenmelker** *(Caprimulgus europaeus)* - ehemaliger Brutvogel, unregelmäßiger, einzelner Durchzügler.
195. **Mauersegler** *(Apus apus)* - mäßig häufiger Brutvogel, mäßig zahlreicher Durchzügler.
196. **Alpensegler** *(Apus melba)* - Ausnahmeerscheinung.
197. **Eisvogel** *(Alcedo atthis)* - seltener Brutvogel, in sehr geringer Anzahl im Winterhalbjahr.
198. **Bienenfresser** *(Merops apiaster)* - Ausnahmeerscheinung.
199. **Blauracke** *(Coracias garrulus)* - gelegentlicher Gastvogel.
200. **Wiedehopf** *(Upupa epops)* - gelegentlicher Gastvogel.
201. **Grünspecht** *(Picus viridis)* - ehemaliger (?) Brutvogel; sonstige Feststellungen auf Rügen und Hiddensee nur ausnahmsweise.
202. **Schwarzspecht** *(Dryocopus martius)* - seltener Brutvogel, in sehr geringer Anzahl Durchzügler.
203. **Buntspecht** *(Dendrocopus major)* verbreiteter (mäßig häufiger) Brutvogel, Durchzügler und Invasionsgast.
204. **Mittelspecht** *(Dendrocopus medius)* - ausnahmsweise vorkommend.
205. **Kleinspecht** *(Dendrocopus minor)* - spärlicher Brutvogel, in geringer Zahl Durchzügler.
206. **Wendehals** *(Iynx torquilla)* - seltener Brutvogel, in geringer Zahl Durchzügler.

207. **Kurzzehenlerche** *(Calandrella brachydactyla)* - Ausnahmeerscheinung.
208. **Ohrenlerche** *(Eremophila alpestris)* - geringer bis mäßig zahlreicher Durchzügler und Wintergast.
209. **Heidelerche** *(Lullula arborea)* - seltener Brutvogel, in geringer Zahl Durchzügler, gelegentlich im Winter.
210. **Haubenlerche** *(Galerida cristata)* - spärlicher Brutvogel.
211. **Feldlerche** *(Alauda arvensis)* - häufiger Brutvogel, sehr zahlreicher Durchzügler und in geringer Anzahl im Winter.
212. **Uferschwalbe** *(Riparia riparia)* - häufiger Brutvogel (vorwiegend an den Steilküsten), sehr zahlreicher Durchzügler.
213. **Rauchschwalbe** *(Hirundo rustica)* - häufiger Brutvogel, sehr zahlreicher Durchzügler (abnehmend).
214. **Rötelschwalbe** *(Hirundo daurica)* - Ausnahmeerscheinung.
215. **Mehlschwalbe** *(Delichon urbica)* - häufiger Brutvogel (berühmt sind die Felsenkolonien Stubbenkammer und Kap Arkona), Durchzügler.
216. **Schafstelze** *(Motacilla flava)* - mäßig häufiger Brutvogel, zahlreicher Durchzügler. **Nordische Schafstelze** *(Motacilla flava thunbergi)* - regelmäßiger Durchzügler.
217. **Gebirgsstelze** *(Motacilla cinerea)* - unregelmäßiger/seltener Brutvogel, in sehr geringer Anzahl Durchzügler.
218. **Bachstelze** *(Motacilla alba)* - mäßig häufiger Brutvogel, zahlreicher Durchzügler.
219. **Spornpieper** *(Anthus novaeseelandiae)* - Ausnahmeerscheinung.
220. **Brachpieper** *(Anthus campestris)* - seltener (ehemaliger) Brutvogel (Dünen Hiddensee/Bug), in sehr geringer Anzahl Durchzügler.
221. **Baumpieper** *(Anthus trivialis)* - verbreiteter Brutvogel und Durchzügler.
222. **Wiesenpieper** *(Anthus pratensis)* - häufiger Brutvogel, zahlreicher Durchzügler und in geringer Zahl Wintergast.
223. **Rotkehlpieper** *(Anthus cervinus)* - unregelmäßiger Durchzügler.
224. **Wasserpieper** *(Anthus spinoletta)* - **Bergpieper** *(Anthus spinoletta spinoletta)* - in sehr geringer Anzahl Wintergast. **Felsenpieper** *(Anthus spinoletta littoralis)* - in geringer Zahl Durchzügler und spärlicher Wintergast.
225. **Neuntöter** *(Lanius collurio)* - mäßig häufiger Brutvogel; Durchzügler.**Vogelarten der Inseln Rügen und Hiddensee**
226. **Schwarzstirnwürger** *(Lanius minor)* - Ausnahmeerscheinung.
227. **Rotkopfwürger** *(Lanius senator)* - Ausnahmeerscheinung.
228. **Raubwürger** *(Lanius excubitor)* - unregelmäßiger Brutvogel, in geringer Anzahl Durchzügler und Wintergast.
229. **Seidenschwanz** *(Bombycilla garrulus)* - Invasionsvogel, in stark wechselnder Anzahl fast in jedem Winterhalbjahr vorkommend.
230. **Wasseramsel** *(Cinclus cinclus)* - in sehr geringer Anzahl Durchzügler.
231. **Zaunkönig** *(Troglodytes troglodytes)* - mäßig häufiger Brutvogel, Durchzügler.
232. **Heckenbraunelle** *(Prunella modularis)* - mäßig häufiger Brutvogel, Durchzügler.
233. **Rohrschwirl** *(Locustella luscinioides)* - seltener /spärlicher Brutvogel.
234. **Schlagschwirl** *(Locustella fluviatilis)* - seltener Brutvogel.
235. **Feldschwirl** *(Locustella naevia)* - spärlicher Brutvogel, Durchzügler.
236. **Schilfrohrsänger** *(Acrocephalus schoenobaenus)* - spärlicher Brutvogel.
237. **Seggenrohrsänger** *(Acrocephalus paludicola)* - im vorigen Jahrhundert Brutvogel (?), Ausnahmeerscheinung.
238. **Sumpfrohrsänger** *(Acrocephalus palustris)* - spärlicher bis mäßig häufiger Brutvogel.
239. **Teichrohrsänger** *(Acrocephalus scirpaceus)* - häufiger Brutvogel.
240. **Drosselrohrsänger** *(Acrocephalus arundinaceus)* - seltener Brutvogel (starke Abnahmetendenz).
241. **Gelbspötter** *(Hippolais icterina)* - mäßig häufiger Brutvogel.
242. **Gartengrasmücke** *(Sylvia borin)* - (mäßig) häufiger Brutvogel.

243. **Mönchsgrasmücke** *(Sylvia atricapilla)* - (mäßig) häufiger Brutvogel, gelegentlich im Winter.
244. **Klappergrasmücke** *(Sylvia curruca)* - mäßig häufiger Brutvogel.
245. **Dorngrasmücke** *(Sylvia communis)* - mäßig häufiger Brutvogel.
246. **Sperbergrasmücke** *(Sylvia nisoria)* - mäßig häufiger Brutvogel (aber der Gesamtbestand geringer als die anderen Sylvia-Arten
247. **Fitislaubsänger** *(Phylloscopus trochilus)* - häufiger Brutvogel, Durchzügler.
248. **Weidenlaubsänger** *(Phylloscopus collybita)* - mäßig häufiger Brutvogel, Durchzügler, einzelne Wintervorkommen.
249. **Waldlaubsänger** *(Phylloscopus sibilatrix)* - mäßig häufiger Brutvogel.
250. **Grüner Laubsänger** *(Phylloscopus trochiloides)* - seltener Brutvogel (?), alljährlich vorkommend.
251. **Gelbbrauenlaubsänger** *(Phylloscopus inornatus)* - Ausnahmeerscheinung.
252. **Goldhähnchenlaubsänger** *(Phylloscopus proregulus)* - Ausnahmeerscheinung.
253. **Wintergoldhähnchen** *(Regulus regulus)* - mäßig häufiger Brutvogel, zahlreicher Durchzügler.
254. **Sommergoldhähnchen** *(Regulus ignicapillus)* - spärlicher (?) Brutvogel, in geringer Zahl (?) Durchzügler.
255. **Grauschnäpper** *(Muscicapa striata)* - spärlicher bis mäßig häufiger Brutvogel, Durchzügler.
256. **Trauerschnäpper** *(Ficedula hypoleuca)* - mäßig häufiger Brutvogel, Durchzügler.
257. **Halsbandschnäpper** *(Ficedula albicollis)* - Ausnahmeerscheinung.
258. **Zwergschnäpper** *(Ficedula parva)* - spärlicher Brutvogel, einzelne Durchzügler.
259. **Schwarzkehlchen** *(Saxicola torquata)* - gelegentlicher Gastvogel.
260. **Braunkehlchen** *(Saxicola rubetra)* - mäßig häufiger Brutvogel, Durchzügler.
261. **Gartenrotschwanz** *(Phoenicurus phoenicurus)* - mäßig häufiger Brutvogel, Durchzügler.
262. **Hausrotschwanz** *(Phoenicurus ochruros)* - mäßig häufiger Brutvogel (gelegentlich auch an den Steilküsten), Durchzügler, Einzelvorkommen im Winter.
263. **Nachtigall** *(Luscinia megarhynchos)* - zur Brutzeit unregelmäßig einzelne singende Männchen vorkommend.
264. **Sprosser** *(Luscinia luscinia)* - mäßig häufiger Brutvogel, Durchzügler.
265. **Blaukehlchen** *(Luscinia svecica)* - gelegentlicher Gastvogel. **Rotsterniges Blaukehlchen** *(Luscinia svecica svecica)* - diese feldornithologische erkennbare Subspecies (= Männchen) ist eine Ausnahmeerscheinung.
266. **Rotkehlchen** *(Erithacus rubecula)* - häufiger Brutvogel, zahlreicher Durchzügler und in geringer Anzahl in fast jedem Winter.
267. **Steinschmätzer** *(Oenanthe oenanthe)* - spärlicher Brutvogel (vorwiegend auf Hiddensee), mäßig zahlreicher Durchzügler.
268. **Sibirische Drossel** *(Turdus sibiricus)* - Ausnahmeerscheinung.
269. **Misteldrossel** *(Turdus viscivorus)* - seltener Brutvogel, in geringer Zahl Durchzügler, gelegentlich im Winter.
270. **Wacholderdrossel** *(Turdus pilaris)* - unregelmäßiger Brutvogel (Hiddensee), Durchzügler und Wintergast in stark wechselnder Zahl.
271. **Rotkehldrossel** *(Turdus ruficollis ruficollis)* - Ausnahmeerscheinung.
272. **Singdrossel** *(Turdus philomelos)* - verbreiteter Brutvogel, zahlreicher Durchzügler und alljährlich (?) einzeln im Winter.
273. **Rotdrossel** *(Turdus iliacus)* - Durchzügler und Wintergast in stark wechselnder Anzahl.
274. **Ringdrossel** *(Turdus torquatus)* - meist in sehr geringer Anzahl Durchzügler (überwiegend Hiddensee).
275. **Amsel** *(Turdus merula)* - (mäßig) häufiger Brutvogel, Durchzügler.
276. **Bartmeise** *(Panurus biarmicus)* - seltener Brutvogel und in geringer Anzahl Durchzügler.
277. **Schwanzmeise** *(Aegithalos caudatus)* - mäßig häufiger Brutvogel,
278. **Beutelmeise** *(Remiz pendulinus)* - spärlicher Brutvogel und in geringer Zahl Durchzügler.
279. **Haubenmeise** *(Parus cristatus)* - spärlicher Brutvogel.
280. **Sumpfmeise** *(Parus palustris)* - mäßig häufiger Brutvogel.

281. **Weidenmeise** *(Parus montanus)* - spärlicher bis mäßig häufiger Brutvogel, einzelne Durchzügler.
282. **Blaumeise** *(Parus caeruleus)* - mäßig häufiger Brutvogel, Durchzügler.
283. **Kohlmeise** *(Parus major)* - häufiger Brutvogel, Durchzügler.
284. **Tannenmeise** *(Parus ater)* - mäßig häufiger Brutvogel.
285. **Kleiber** *(Sitta europea)* - mäßig häufiger Brutvogel.
286. **Waldbaumläufer** *(Certhia familiaris)* - spärlicher Brutvogel, invasionsartiger Durchzügler.
287. **Gartenbaumläufer** *(Certhia brachydactyla)* - seltener Brutvogel.
288. **Grauammer** *(Emberiza calandra)* - mäßig häufiger Brutvogel, geringer bis mäßig zahlreicher Wintergast.
289. **Goldammer** *(Emberiza citrinella)* - häufiger Brutvogel, zahlreicher Wintergast.
290. **Ortolan** *(Emberiza hortulana)* - in sehr geringer Anzahl Durchzügler.
291. **Rohrammer** *(Emberiza schoeniclus)* - mäßig häufiger bis häufiger Brutvogel, Durchzügler und in sehr geringer Anzahl im Winter.
292. **Waldammer** *(Emberiza rustica)* - Ausnahmeerscheinung.
293. **Schneeammer** *(Plectrophenax nivalis)* - mäßig zahlreicher Durchzügler und Wintergast (oft fehlend).
294. **Spornammer** *(Calcarius lapponicus)* - in sehr geringer Anzahl Durchzügler und Wintergast.
295. **Buchfink** *(Fringilla coelebs)* - häufiger Brutvogel, sehr zahleicher Durchzügler und mäßig zahlreich im Winter.
296. **Bergfink** *(Fringilla montifringilla)* - in stark wechselnder Anzahl Durchzügler und Wintergast; gelegentlich im Sommer vorkommend.
297. **Girlitz** *(Serinus serinus)* - seltener (spärlicher) Brutvogel, in geringer Zahl Durchzügler.
298. **Grünfink** *(Carduelis chloris)* - häufiger Brutvogel, zahlreicher Durchzügler und in geringer Zahl im Winter.
299. **Stieglitz** *(Carduelis carduelis)* - mäßig häufiger Brutvogel, mäßig zahlreicher Durchzügler und in geringer Zahl Wintergast.
300. **Erlenzeisig** *(Carduelis spinus)* - seltener (spärlicher) Brutvogel, zahlreicher Durchzügler und mäßig zahlreicher Wintergast.
301. **Birkenzeisig** *(Acanthis flammea)* - Invasionsvogel in stark wechselnder Anzahl **Alpenbirkenzeisig** *(Acanthis flammea cabaret)* - unregelmäßiger Brutvogel (?).
302. **Polarbirkenzeisig** *(Acanthis hornemanni)* - Ausnahmeerscheinung.
303. **Berghänfling** *(Acanthis flavirostris)* - in geringer Zahl Durchzügler.
304. **Bluthänfling** *(Acanthis cannabina)* - mäßig häufiger Brutvogel, zahlreicher Durchzügler.
305. **Karmingimpel** *(Carpodacus erythrinus)* - spärlicher Brutvogel (zunehmend); Durchzügler.
306. **Hakengimpel** *(Pinicola enucleator)* - Ausnahmeerscheinung .
307. **Kiefernkreuzschnabel** *(Loxia pytyopsittacus)* - Invasionsvogel, unregelmäßig vorkommend.
308. **Fichtenkreuzschnabel** *(Loxia curvirostra)* - Invasionsvogel, alljährlich vorkommend in stark wechselnder Anzahl; unregelmäßiger Brutvogel.
309. **Bindenkreuzschnabel** *(Loxia leucoptera)* - Invasionsvogel, Ausnahmeerscheinung.
310. **Kernbeißer** *(Coccothraustes coccothraustes)* - spärlicher Brutvogel; Durchzügler.
311. **Gimpel** *(Pyrrhula pyrrhula)* - spärlicher Brutvogel, in geringer Zahl Durchzügler und Wintergast.
312. **Haussperling** *(Passer domesticus)* - häufiger Brutvogel.
313. **Feldsperling** *(Passer montanus)* - (mäßig) häufiger Brutvogel.
314. **Rosenstar** *(Sturnus roseus)* - Ausnahmeerscheinung.
315. **Star** *(Sturnus vulgaris)* - mäßig häufiger Brutvogel, sehr zahlreicher Durchzügler, selten im Winter.
316. **Pirol** *(Oriolus oriolus)* - spärlicher Brutvogel.
317. **Eichelhäher** *(Garrulus glandarius)* - mäßig häufiger bis spärlicher Brutvogel; bei Invasionen auffälliger Durchzügler.
318. **Elster** *(Pica pica)* - spärlicher bis mäßig häufiger Brutvogel.
319. **Tannenhäher** *(Nucifraga caryocatactes)* - Invasionsvogel, in sehr geriniger Anzahl.

320. **Dohle** *(Corvus monedula)* - spärlicher Brutvogel, mäßig zahlreicher Durchzügler und Wintergast.
Halsbanddohle *(Corvus monedula soemmeringii)* - in geringer Anzahl Durchzügler und Wintergast.

321. **Saatkrähe** *(Corvus frugilegus)* - spärlicher Brutvogel, fast ausgerottet, zahlreicher Durchzügler und Wintergast.

322. **Aaskrähe** *(Corvus corone)* - **Nebelkrähe** *(Corvus corone cornix)* - mäßig häufiger Brutvogel, mäßig zahlreich im Winterhalbjahr, **Rabenkrähe** *(Corvus corone corone)* - unregelmäßiger Brutvogel; zumindest in Einzelstücken wohl alljährlich auf Rügen und Hiddensee vorkommend. Mischlinge beider Subspecies sind bekannt.

323. **Kolkrabe** *(Corvus corax)* - spärlicher Brutvogel, Durchzügler und mäßig zahlreich im Winterhalbjahr vorkommend.

Höckerschwäne am Strand von Binz

Literatur zur Natur der Inseln Rügen und Hiddensee (Auswahl):

Arndt, E. A. (Hrsg., 1969):
Zwischen Düne und Meeresgrund.
URANIA, Leipzig.

Berger, W. (1969):
Insel Hiddensee. 4. Aufl., Leipzig

Boll, E. (1858):
Die Insel Rügen-Reiseerinnerungen.
Schwerin, l99 Seiten.

Bürgener, O. (1959):
Rügens Orchideen einst und jetzt.
Arch. Nat. Meckl. 5, 184-194

Dittberner, H. und E. Hoyer (1993):
Die Vogelwelt der Inseln Rügen
und Hiddensee.
Galenbeck

Dost, H. (1958):
Rügen. Die grüne Insel und ihre
Naturschutzgebiete. Wittenberg.

Dost, H. (1959):
Die Vögel der Insel Rügen.
Ziemsen, Wittenberg.

Dost, H. (1963):
Über den Seevogelschutz auf Rügen.
FALKE 10, 81-87.

Ewe, H. (1977):
Rügen.
Föderation der Natur-und Nationalparke Europas-Sektion Deutschland e.V.
(Hrsg., l991):
Neue Nationalparke in Ostdeutschland.

Fröde, E. Th. (1957):
Die Pflanzengesellschaften der Insel
Hiddensee.
Wissensch. Ztschr. Univ. Greifsw.,
Math.-Nat.-Reihe VII, 277-305.

Grimm, H. (1966):
Notizen über die Lurche und Kriech-
tiere der Insel Hiddensee.
Nscharb. Meckl. 9, H. 1, 23-29.

Grimm, H. (1973):
Vogelarten auf der Vitter Heide
(Hiddensee).
Beitr. z. Vogelk. l9, H. 4, 289-295.

Haasler, G. (1978):
Steinfelder bei Neu-Mukran.
Marinekalender d. DDR, 46-47.

Harder, K. (1986):
Zum Vorkommen der Kegelrobbe,

Halichoerus grypus (Fabricius, 1791)
in den Gewässern um Rügen.
Nscharb. in Meckl., 29, H. 1, 42-44.

Harder, K. u. G. Schulze (1989):
Meeressäugetiere im Greifswalder
Bodden. Meer und Museum, Bd. 5,
Stralsund, S. 90-95.

Holdack, H. (1959):
Die Pflanzengesellschaften der
Quellmoore auf Jasmund (Rügen).
Arch. Nat. Meckl. V., 285-335

Holtz, L. (1871):
Die Raubvögel Neu-Vorpommerns und
der Insel Rügen, Usedom u. Wollin.
Mitt. Naturw. Verein Neuvorp. 3

Hübner, E. (1908):
Avifauna von Vorpommern und Rügen.
Leipzig.

Hurtig, Th. (1957):
Physische Geographie von Mecklenburg.
Berlin.

Hurtig, Th. (1971):
Jahreszeitliche Beobachtungen an den
mecklenburgischen Boddengewässern
zwischen dem Festland und der Insel
Rügen. Natur und Museum, 101, H. 12,
481-492.

Jeschke, L. (1964):
Die Vegetation der Stubnitz. Natur u.
Natursch. Meckl. 2.

Jeschke, L.; Klafs, G. u. a. (1980):
Handbuch der Naturschutzgebiete der
DDR, Bd. 1:
Die Naturschutzgebiete der Bezirke
Rostock, Schwerin und Neubranden-
burg. URANIA, Leipzig.

Jeschke, L.; Schmidt, H. u. R. Schmidt (1977):
Dornbusch und Bessin.
Reihe „Das Naturschutzgebiet".
Hrsg. G. Klafs /Rat des Bezirkes Rostock.

Klatter (1897):
Aus meiner Vogelmenagerie und sonstige
ornithologische Beobachtungen
Dt. Jägerztg., S. 526

Klafs, G.; Jeschke, L. u. H. Schmidt (1975):
Dünenheide auf Hiddensee.
Reihe „Das Naturschutzgebiet"
Hrsg. Rat des Bez. Rostock.

Klafs, G. u. J. Stübs (Hrsg., 1987):
Die Vogelwelt Mecklenburgs.
Fischer, Jena.

Knapp, H. D. (1977):
Die Orchideen der Insel Rügen.
Mitt. d. AK Heimische Orch. 7, 17-48.

Kreisel, H. (1957):
Beitrag zur Pilzflora der Insel Rügen
und Hiddensee.
Arch. Nat. Meckl. III, 109-128.

Kuhk, R. (1932):
Zur Geschichte der Freisiedlungen
von Delichon urbica (L.) an den
Kreidefelsen von Rügen.
Orn. M. Ber. 40, 50-51.

Kühner, E. u. a. (1968):
Beiträge zur Moosflora Mecklenburgs.
VII. Die Insel Rügen.
Wiss. Ztschr. d. Uni. Rostock. Math-
Nat.-Reihe 17, Heft 4/5, S. 355- 382.

Kutscher, M. (1983):
Bemerkungen zu den Orchideen der
Insel Rügen.
Natur und Umwelt, Heft 5, S. 66-70.

Lehmann, H. u. R. Meyer (1977):
Rügen A - Z: von Arkona bis Zudar.
Schwerin.

Leick, E. (1943):
Das NSG „Dornbusch" auf der Insel
Hidd. Natursch. 24,

Lemke, K. u. H. Müller (1988):
Naturdenkmale (Tourist-Führer)
Berlin, Leipzig.

Libbert, W. (1969):
Über das Verhalten der Kraniche
(Grus grus) auf Rast-und
Sammelplätzen.
Beitr. Vogelk. 14, 388-405.

Litterski, B. (1990):
Die Flechten der Insel Rügen.
Univers. Halle, Fak. für Nat., Diss.

Lobeck, K. u. T. Meincke (1966):
Wald-Hecke-Strand. Berlin

Lohmann, M. u. E. Rutschke (1991):
Vogelparadiese, Band 3; Berlin u.
Hamburg

Meinke, H. J. u. Ch. Gebler (1992):
Der Park zu Putbus. Hrsg. Stadtverw.
Putbus.

Meusel, H. (1951):
Über einige Waldgesellschaften der

Insel Rügen. Ber. Dt. Bot. Gesellsch.
64, 223-241.

Moldenhauer, H. C. (1960):
Küstenstudien auf Hiddensee.
Entwicklung und Gestalt des Alt-Bessin.
Wiss. Z. Päd. Hochschule Potsdam.
Math.-Nat. R. 6, 13-64.

Nestler, H. (1982):
Die Fossilien der Rügener Schreibkreide.
Ziemsen, Wittenberg.

Oehlke, J. u. M. Dylewska (1975):
Zur Bienenfauna der Insel Hiddensee.
Beitr. Entom. 25, 39-48.

Peter, R. (1969):
Insel Rügen. Leipzig.

Plate, H. -P. (1956):
Zur Molluskenfauna der Insel Hiddensee.
Arch. Nat. Meckl. II, 307-335.

Prange, H. (1974):
Die Kranichrastplätze auf Rügen und
am Bock.
Nscharb. Meckl. 17, H. 1-3, 24-34.

Rautenberg, W. (1956):
Über den Verlauf des Vogelzuges im
Raum von Rügen.
Beitr. Vogelk. 4, 257-267

Reinicke, R. (1991):
Rügen; Strand u. Steine.
Schwerin.

Robien, P. (1928):
Die Vogelwelt Pommerns.
Abh. u. Ber. Pomm. Naturf. Ges.
Stettin, Bd. 9.

Schildmacher, H. (1956):
Die Vogelwelt von Hiddensee.
Wiss. Ztschr. d. Univ. Greifsw. Math.-
Nat. Reihe Nr. 5/6, S. 389-408.

Schildmacher, H. (1961):
Die Vogelwelt der Insel Hiddensee.
in „Beiträge zur Kenntnis deutscher
Vögel".
Jena.

Schildmacher, H. (1972):
Die Schwimmvogelwelt auf dem
Vierendehlgrund im Winterhalbjahr.
Falke, l9, H. 8, S. 258-267.

Schmidt, H. (1957):
Zur Geomorphologie des Natur-
schutzgebietes „Steinfelder auf der
Schmalen Heide"
Wiss. Z. Univ. Greifsw.,

Math.-Nat.- Reihe 7, 267-276.

Schmidt, H. (1965):
Die größten Findlinge der Insel Rügen.
Bergen.

Schmidt, H. (1977):
Zur historisch-geographischen Entwicklung des Nordteils der Schmalen Heide
auf Rügen.
in Greifswald-Stralsunder Jahrbuch
11, S. 7-16.

Schmidt, H. (1982):
Neue Naturschutzgebiete auf der Insel
Rügen.
Nscharb. in Meckl. 25, H. 2, S. 81-82.

Schnurre, O. u. R. März (1970):
Ein Beitrag zur Wirbeltierfauna der
Insel Rügen im Lichte ernährungs-
biologischer Forschung am Waldkauz
(Strix aluco).
Beitr. z. Vogelk. 16, 355-371.

Schnurre, O. (1973):
Ernährungsbiologische Studien an
Greifvögeln der Insel Rügen
(Mecklenburg). Beiträge zur
Vogelkde., 19, H. l, S. 1-16.

Timm, W. (1966):
Die Entwicklung der Dünen auf dem
Haken Alt-Bessin (Hiddensee).
Wiss. Ztschr. Uni. Rostock, Math.-Nat.
Reih. 15, 935-939.

Timm, W. (1968):
Entstehung und Entwicklung des
Hakens Alt-Bessin (Hiddensee). Ein
Beitrag zur Hakenentwicklung.
Univ. Rostock, Diss.

Urbahn, E. (1962):
Unsere derzeitige Kenntnis der
Schmetterlingswelt von Hiddensee.
Wiss. Ztschr. Univ. Greifsw. 11, 37-42.

Urbahn, E. (1970):
Ergänzungen zur faunistischen
Erfassung der Schmetterlinge von
Hiddensee.
Dt. Entom. Z. NF. 17, 255-258.

**Die "Fördergemeinschaft Naturschutz am Galenbecker See e.V."
17337 Galenbeck/Meckl.**

wählte zwar den Seeadler als Symbol, fühlt sich aber mitverantwortlich für die gesamte Natur rings um den Galenbecker See.

Das über 50 Jahre bestehende, wertvolle und traditionsreiche Naturschutzgebiet von internationaler Bedeutung muß in seinem Wert erhalten bleiben und bedarf darüber hinaus, besonders im Umland, dringend der Sanierung und ökologischen Verbesserung. Kontinuierliche Erfassungs-, Kontroll- und Pflegemaßnahmen für die Schutzgebiete, zu denen auch über 10 Flächennaturdenkmäler gehören, sind dringend nötig und eine starke Naturschutzlobby unabdingbar, wenn gesichert werden soll, daß die Naturkleinode im Landschaftsschutzgebiet "Brohmer Berge" unserem Volk erhalten bleiben.

Dazu bedarf es erheblicher Anstrengungen nicht nur der Fördergemeinschaft: Pflegemaßnahmen auf Standorten geschützter Pflanzen, die Erweiterung bestehender Schutzgebiete, die Renaturierung von Flächen für den praktischen Biotop- und Artenschutz und die Neuschaffung von Biotopen sind vorrangige Aufgaben.

Im Sinne der Förderung eines sanften Tourismus im Landschaftsschutzgebiet sollen öffentlichkeitswirksame touristische Anlaufpunkte für Naturfreunde und zur Popularisierung des Naturschutzes geschaffen und durch spezielle Publikationen gezielte Werbung für den Naturschutz betrieben werden.

Unterstützen Sie unsere Arbeit:
• als förderndes Mitglied,
• mit Meldungen von besonderen Beobachtungen oder Funden in der Natur (Telefon 03 96 07 / 3 26)
• umweltgerechtes Verhalten und Respektierung der Naturschutzgesetzgebung,
• durch eine Spende auf das Konto der Fördergemeinschaft bei der Sparkasse Strasburg (BLZ 150 502 00) Konto-Nr.: 3300008882.

*Naturführer, 110 Seiten:
Bezug bei E. Hoyer,
17337 (O-2151) Galenbeck, Nr. 16 a
(16,80 DM + 2,20 Versand)*